Vegane Ernährung

Für Berufstätige

Der ultimative Einsteiger-Leitfaden für vegane Ernährung & Kochbuch – Einfache Kochbuchrezepte, um Gewicht zu verlieren und gesund zu bleiben + 30 köstliche Rezepte

Von *Simone Jacobs*

Für weitere tolle Bücher besuchen Sie uns:

HMWPublishing.com

Ein weiteres Buch kostenlos herunterladen

Ich möchte mich bei Ihnen für den Kauf dieses Buches bedanken und Ihnen ein weiteres Buch (genauso lang und wertvoll wie dieses Buch), „Gesundheits- & Fitnessfehler, von denen Sie nicht wissen, dass Sie sie machen", völlig kostenlos anbieten.

Klicken Sie auf den untenstehenden Link, um sich anzumelden und es zu erhalten:

www.hmwpublishing.com/gift

In diesem Buch werde ich die häufigsten Gesundheits- und Fitnessfehler aufschlüsseln, die Sie wahrscheinlich gerade begehen, und ich werde aufzeigen, wie Sie sich leicht in die beste Form Ihres Lebens bringen können!

Zusätzlich zu diesem wertvollen Geschenk haben Sie auch die Möglichkeit, unsere neuen Bücher kostenlos zu bekommen, an Gewinnspielen teilzunehmen und andere wertvolle E-Mails von mir zu erhalten. Besuchen Sie den Link, um sich anzumelden:

www.hmwpublishing.com/gift

Inhaltsverzeichnis

Einführung 8

Kapitel 1: Die Grundlagen, Um Vegan zu leben 10

Verschiedene Arten von veganer Ernährung 12

Bevor Sie den großen Schritt machen................................17

Was wirklich eine vegane Ernährung ist. 23

Die veganen Mythen aus dem Weg räumen 25

Kapitel 2: Die gesundheitlichen Vorteile einer veganen Ernährung 30

Ist es die richtige Entscheidung für Sie? 30

Gesundheit 31

Umgebung 32

Ethisch...33

Vegan werden und abnehmen 34

Vegane Ernährung verstehen 35

Fett...36

Omega-3-Fettsäuren 37

Protein 37

Vitamin D und Vitamin B12..38

Kalzium..39

Andere Mineralien 40

Kapitel 3: Wie man zu einer veganen Ernährung übergeht 43

Der Übergang zu pflanzlichen Lebensmitteln 43

Die richtige Ausstattung Ihrer Küche 47

An einem brandneuen Lebensstil festhalten 50

Kapitel 4: Vermeidung dieser häufigen Fehler 55

Vermeidung der Risiken des Veganismus 55

Schreiben Sie Ihren veganen Diätplan 58

Ernährungsmerkmale Ihrer veganen Ernährung 62

Kalorische Makros (Makronährstoffe) 62

Kapitel 5: Vegane Frühstücksrezepte 70

Schnittlauchwaffeln mit Sojapilzen und Ahorn 70

Avocado-Salsa und mexikanische Bohnen auf Toast 74

Zitronenmohn-Scones 77

Vegane Crepes 79

Garbanzo-Ofen-Pfannkuchen 81

Kapitel 6: Vegane Mittagsrezepte 83

Pfannenbraten aus Seitan und schwarzen Bohnen 83

Ei-Loses Quiche mit Tofu & Spinat 87

Veganer Mac ohne Käse 89

Nudeln mit Tomaten, Basilikum und Olivenöl 92

Karotten-Reis-Nuss-Burger 94

Kapitel 7: Vegane AbendessenRezepte 96

Süßkartoffel-Kokos-Curry 96

Veganer Hirtenkuchen 100

Gebratenes Sommergemüse und Kichererbsen 103

Gemüse und Tofu in Erdnusssauce 105

Vegane Fajitas 107

Kapitel 8: Vegane Dessert-Rezepte 110

Veganer Karottenkuchen 110

Gesalzene Karamell-Keksriegel 114

Mint-Chip-Kokosnussmilch-Eiscreme 117

Veganer Orangenkuchen 119

Vegane Rose Meringues 121

Kapitel 9: Vegane Suppen, Eintöpfe und Salate 123

Knuspriger Bulgur-Salat 123

Tomatensuppe 126

Gersten- und Linseneintopf 129

Spinat- und Linsensuppe 131

Schwarzer Bohnen- und Maissalat 133

Kapitel 10: Rezepte für vegane Snacks und Smoothies 135

Erdbeer-Haferflocken-Smoothie 135

Quesadillas mit Süßkartoffeln, Chili und Erdnussbutter 138

Rohe Erdbeermarmelade 141

Veganer Cashewfrischkäse mit Cashewkernen 143

Grünkohl-Bananen-Smoothie 145

Bonus-Kapitel: 14-tägiger veganer Plan zum Loslegen 147

Schlussworte 152

Über den Co-Autor..**154**

Einführung

Ich möchte mich bei Ihnen bedanken und Ihnen zum Kauf des Buches „*Vegane Diät für Anfänger: Das ultimative Handbuch und Kochbuch für Anfänger für Veganer*" gratulieren.

Dieses Buch nimmt Sie mit auf eine spektakuläre Reise mit Essen und Gemüse. Wenn Sie noch keine Liebesbeziehung zu Ihrem freundlichen Gemüse haben, ist es an der Zeit, dass Sie lernen, wie Sie die vielen Vorteile, die es bietet, nutzen können. Veganismus ist keine Modeerscheinung, sondern ein Lebensstil. Mit diesem Buch erhalten Sie den besten Leitfaden für die gesamte Reise. Nochmals vielen Dank, dass Sie sich für dieses Buch entschieden haben. Ich wünsche Ihnen viel Spaß beim Lesen!

Bevor Sie beginnen, empfehlen wir Ihnen, **sich für unseren E-Mail-Newsletter anzumelden,** um über neue Buchveröffentlichungen oder Werbeaktionen informiert zu werden. Sie können sich kostenlos anmelden und erhalten als Bonus ein kostenloses Geschenk: unser Buch

„Gesundheits- & Fitnessfehler, von denen Sie nicht wissen, dass Sie sie machen"! Dieses Buch wurde geschrieben, um zu entmystifizieren, die wichtigsten Vor- und Nachteile aufzudecken und Sie endlich mit den Informationen auszustatten, die Sie benötigen, um sich in der besten Form Ihres Lebens zu befinden. Aufgrund der überwältigenden Menge an Fehlinformationen und Lügen, die von Magazinen und selbsternannten "Gurus" erzählt werden, wird es immer schwieriger, zuverlässige Informationen zu erhalten, um in Form zu kommen. Im Gegensatz zu dutzenden von voreingenommenen, unzuverlässigen und nicht vertrauenswürdigen Quellen, um Ihre Gesundheits- und Fitnessinformationen zu erhalten. In diesem Buch ist alles aufgeschlüsselt, was Sie brauchen, um in kürzester Zeit Ihre gewünschten Fitnessziele zu erreichen.

Um sich für unseren kostenlosen E-Mail-Newsletter anzumelden und ein kostenloses Exemplar dieses wertvollen Buches zu erhalten, besuchen Sie bitte den Link und registrieren Sie sich jetzt: www.hmwpublishing.com/gift

Kapitel 1: Die Grundlagen, um vegan zu leben

Veganismus ist eine spezielle Diät, bei der auf alle Arten von tierischen Produkten gänzlich verzichtet wird. Und diejenigen, die sich entschließen, vegan zu werden, tun dies aus folgendem Grund:

1. Diätetischer Veganismus. Dies ist strikter Veganismus und wenn Sie diese Art der Ernährung befolgen, halten Sie sich von allen Arten von tierischen Produkten fern, einschließlich Milchprodukten und Eiern. Alles, was eine tierische Quelle ist, sollte vermieden werden.

2. Ethischer Veganismus. Dies ist eine Art Veganismus, der über die Lebensmittelbeschränkungen hinausgeht, denn eine Person, die ein ethischer Veganer ist, wird auch auf die Verwendung von Tieren und tierischen Produkten für jede zweckmäßige Kleidung verzichten.

3. Umweltveganismus. Dies ist eine Art Veganismus, der aus dem Verständnis heraus entstanden ist, dass die Mittel, mit denen tierische Produkte gewonnen werden, umweltschädlich sind.

Denken Sie darüber nach, vegan zu werden? Denken Sie darüber nach, den großen Sprung zu machen, aber Sie machen sich Sorgen über viele Dinge? Auf den nächsten Seiten werden Sie genug entdecken, um sich auf der Reise, die Sie in Betracht ziehen, sicher zurechtzufinden, oder um noch mehr Einsichten zu gewinnen, wenn Sie sich bereits dazu verpflichtet haben, Veganer zu werden.

Verschiedene Arten von veganer Ernährung

Sie haben sich mit den häufigen Gründen beschäftigt, warum sich die Menschen entscheiden, Veganer zu werden. Hier ist eine Liste der verschiedenen Arten von veganen Diäten. Wenn Sie sich überlegen, in welche Richtung Sie gehen sollen, sollten Sie wissen, dass Sie sich für eine dieser beiden Möglichkeiten entscheiden können:

1. **Ethischer Veganer** – Wie auf der vorherigen Seite erwähnt, ist ein ethisch einwandfreier Veganer jemand, der auf die Aufnahme aller Arten von Tieren und tierischen Nebenprodukten wie Fleisch, Käse, Honig, Milchprodukte, Eier und Fisch verzichtet. Abgesehen davon tragen sie keine Kleidung oder Accessoires aus Tieren wie Seide, Leder und Fell. und sie verwenden keine kosmetischen Produkte, die an Tieren getestet wurden. Manchmal geht ihre moralische Haltung über den Konsum hinaus; Sie können ein Geschäft boykottieren, in dem tierische Produkte verkauft werden. Zirkusse und Zoos sind eine Schande für sie; und ihre Position als Veganer ist aus dem Glauben geboren, dass alle Lebewesen gleich sind, daher sollten Tiere in keiner Weise ausgebeutet werden.

2. Pflanzliche Veganer – Viele pflanzliche Veganer entscheiden sich aus gesundheitlichen Gründen für die Veganer. Ihre Ernährung ist nicht sehr streng und so können sie Honig oder Fischöl konsumieren – und im Gegensatz zu ethischen Veganern dürfen sie nicht auf die Verwendung von Tieren als Kleidung und so weiter verzichten.

3. **Roher Veganer** - Eine Person, die sich dafür entscheidet, ein roher Veganer zu werden, um den gesundheitlichen Nutzen anzunehmen, den er bringt. Ihre Ernährung ist streng, denn abgesehen davon, dass sie auf Tiere oder tierische Nebenprodukte verzichten, konsumieren sie nichts, was über 115°F gekocht wurde. Beim Kochen wird das Gemüse in der Regel um seine essentiellen Nährstoffe reduziert. Eine rohe vegane Ernährung besteht aus Gemüse, Obst, Nüssen, Sprossen, Samen, Wurzeln, natürlichen Gewürzen, frischen Kräutern, kaltgepressten Ölen, rohen Nussbutter, roher Nussmilch, Seetang, unverarbeiteten Oliven, Trockenfrüchten, unpasteurisierter Sojasauce, rohem Kakaopulver, Essig und reinem Ahornsirup.

4. **Junk-Food-Veganer** - Ein Junk-Food-Veganer ist jemand, der ein ethischer Veganer ist, sich aber überhaupt nicht um die gesundheitlichen Vorteile des Veganwerdens kümmert. Es bedeutet, dass sie das Gesundheitsmerkmal der Ernährung nicht annehmen und vegane Junk Foods ganz übermäßig konsumieren können. Es ist ein Beweis dafür, dass veganes Verhalten nicht automatisch bedeutet, dass Sie sich gesund ernähren.

Bevor Sie den großen Schritt machen

Bei allem, was Sie tun, ist es schön, den Rat von Experten einzuholen. Besonders wenn Sie im Begriff sind, etwas zum ersten Mal zu tun, und Sie haben keine Ahnung davon, werden einige Tipps von Wert sein.

Vor dem großen Schritt sind hier einige Dinge, die Sie wissen müssen:

1. **Haben Sie es nicht eilig.** Die Reise wird nicht einfach, aber sie wird fruchtbar, besonders wenn Sie sie beenden. Unabhängig davon, wie groß der Berg ist, den Sie vor sich haben, sollten Sie Ihr eigenes Tempo wählen. Versuchen Sie, sich nicht zu beeilen. Glauben Sie, dass Sie Schritt für Schritt dorthin gelangen. Wenn Sie immer nur ein Tierprodukt verwenden müssen, tun Sie dies auf diese Weise. Wenn Sie mit einer veganen Mahlzeit pro Tag beginnen möchten, fahren Sie fort. Der Punkt ist, dass Sie dorthin gelangen – egal wie oder wie schnell.

2. **Konzentrieren Sie ich auf das Obst und Gemüse.** Der große Fehler, den die Menschen machen, wenn sie Veganer werden, ist, dass sie zu viel von den Stärkeprodukten wie Kartoffeln, Pasta, Reis und Brot haben. Um das Fehlen von Fleisch auszugleichen, füllen sie sich mit Stärke, die reich an Vitaminen und Nährstoffen wie Gemüse und Obst ist.

3. **Haben Sie keine Angst vor dem Experimentieren.** Viele Leute denken, dass Veganer unterernährt sind, aber das stimmt nicht. Sie sollten offener für die Erforschung der Welt des Veganismus sein, damit Sie den vollen Nutzen daraus ziehen können. Spielen Sie mit dem Geschmack und öffnen Sie sich für neue Gerichte, um Ihren Horizont zu erweitern.

4. **Wählen Sie Vollkorn.** Anstatt viel Nudeln und Brot zu essen, wählen Sie stattdessen Vollkorn. Sie sind auch eine gute Proteinquelle, also stellen Sie sicher, dass Sie auf verschiedenen Arten von Getreide verpacken.

5. **Finden Sie die richtige Unterstützung.** Die Leute sagen, dass man mit Hilfe von Freunden zurechtkommt, und das hat einen Wert, besonders wenn man ein „Baby"-Veganer ist. Die Arbeit mit einer Gruppe ist gut, weil man sich gegenseitig Rechenschaft ablegt. Sie haben jemanden, der Sie nervt, erinnert, motiviert, inspiriert und durch alles führt. Sie können Erfahrungen, Tipps, Belastungen und vieles weiteres austauschen.

6. **Entscheiden Sie, wie Sie Ihr Essen beschaffen.** Das mag lächerlich klingen, ist aber entscheidend. Werden Sie das Essen kochen oder für die Lieferung von veganen Lebensmitteln bezahlen? Sie müssen sich darüber im Klaren sein, dass es sehr schwierig sein wird, die richtigen Lebensmittel zu wählen. Sie müssen also die vollständige Kontrolle haben. Wenn Sie Ihr Essen kochen, wissen Sie genau, was sich auf Ihrem Teller befindet. Wenn Sie eine vegane Catering-Portion bestellen, ist dies gut, da Sie dadurch entlastet werden. Sie haben jedoch kaum eine Wahl darüber, was zu Ihnen nach Hause geliefert wird. Diese Optionen sind jedoch einfacher als das Durchsuchen eines Menüs in einem Restaurant, um festzustellen, was in Ihre Ernährung passt.

7. **Entrumpeln Sie Ihr Leben.** Befreien Sie sich von alten Gewohnheiten. Ab dem Haus müssen Sie Ihren Kühlschrank und die Speisekammer reinigen, um alles zu entfernen, was Ihrer neuen Ernährung zuwiderläuft. Außerdem müssen Sie Änderungen an Ihrer Routine vornehmen – weniger Convenience-Stores und Fast-Food-Besuche, es sei denn, Sie sind sich sicher, dass dies zu Ihrem neuen Lebensstil passt.

8. **Studieren Sie die Ernährung genau.** Irgendwann werden Sie den Dreh raus haben, aber als Neuling fühlen Sie sich vielleicht völlig verloren. Bevor Sie anfangen, müssen Sie sich etwas Zeit zum Lernen nehmen. Dieses Buch ist ein ausgezeichneter Einstieg, da es Ihnen einen Überblick über alles gibt, was Sie wissen müssen. Sei nicht zufrieden damit, wenig zu wissen. Wenn Sie dies tun wollen, müssen Sie dies richtig machen, also müssen Sie es studieren. Ihr Ziel ist es, die Diät auch mit geschlossenen Augen zu meistern. So können Sie sicher sein, dass nichts schief geht.

9. **Gehen Sie nett mit sich selbst um.** Es wird schwer, und Sie werden Ausrutscher haben, aber ein oder mehrere Tage sollten Ihre Reise nicht definieren, also schlagen Sie sich nicht zusammen. Wenn Sie fallen, nehmen Sie die Fahrt wieder auf und fahren Sie weiter. Lassen Sie sich nicht so schnell von Ihrer Reise abbringen – am Ende wird es sich lohnen..

10. **Lernen Sie, wie man Ergänzungsmittel einsetzt.** Es gibt bestimmte Dinge, die Ihrer Ernährung möglicherweise fehlen, z. B. Eisen. Daher müssen Sie Ergänzungsmittel einnehmen. Sie können sich nicht vorenthalten, was es braucht, um effizient zu funktionieren, also schauen Sie genau in Ihre Ernährung und bestimmen, welche Ergänzungen Sie hinzufügen müssen.

Was wirklich eine vegane Ernährung ist.

Über dem gesamten veganen Phänomen zeichnet sich ein großes Fragezeichen ab. Die Leute scheinen mit den Begriffen und Einschlüssen verwechselt zu sein. Wenn Sie sich also wirklich darauf einlassen wollen, müssen Sie sich dessen voll bewusst sein.

Die Verwechslung ist zwischen Veganismus und Vegetarismus. Vegetarier essen kein Geflügel, Fisch und Fleisch. Veganer sind Vegetarier, die auch keine Milchprodukte, Eier, Kosmetika, Wolle, Seide und Seifen aus tierischen Produkten essen oder verwenden.

Aufgrund der vorherigen Diskussion kann man sich aus vielen Gründen dafür entscheiden, vegan zu sein:

- Gesundheit
- Umgebung
- Ethik

Warum wollen Sie Veganer werden? Das Phänomen des Veganismus lässt sich bereits 1944 nachvollziehen. 1949 gab Leslie J Cross jedoch seine erste Definition: „Das Prinzip der Emanzipation von Tieren von der Ausbeutung durch den Menschen, um ein Ende der Verwendung von Tieren durch den Menschen zu erreichen Menschen für Nahrung, Waren, Arbeit, Vivisektion und für alle anderen Zwecke, die die Ausbeutung von Tieren durch Menschen beinhalten."

Diese Definition hat sich seitdem weiterentwickelt, aber in Bezug auf Lebensmittel besteht die Ernährung eines Veganers aus Gemüse, Obst, Samen, Getreide, Nüssen, Hülsenfrüchten und Bohnen.

Die veganen Mythen aus dem Weg räumen

Es gibt gemischte Kritiken über die vegane Ernährung, und wenn Sie Zweifel haben, kann es sein, dass Sie über einige der Mythen besorgt sind. Bevor Sie beginnen, müssen Sie diese Mythen aus dem Weg räumen, um die Verwirrung zu vermeiden. Sie müssen den Veganismus als Ganzes verstehen, bevor Sie sich dafür entscheiden. Es ist also an der Zeit, dass Sie sich der Wahrheit stellen:

- **„Das Essen ist fad und langweilig."** Die Leute denken, dass veganes Essen keinen Charakter hat, aber das ist völlig falsch. Dieses Buch gibt Ihnen fantastische 100% vegane Rezepte, die lecker sind. Es gibt so viele Möglichkeiten, eine Schüssel mit Gemüse anzukleiden, wenn Sie wissen, was zu tun ist. Und was das Auslassen des Essens angeht, versteht man, dass es vegane Alternativen gibt, die jedes Verlangen befriedigen.

- **„Sie werden gebrechlich und schwach."** Die Leute denken, dass die vegane Ernährung nicht ausreichend ist, so dass Sie sich schwach fühlen, weil Ihr Körper ständig Mangel hat. Wissen Sie, dass viele Sportler eine strenge vegane Ernährung einhalten? Eine pflanzliche Diät kann Sie ausreichend mit dem versorgen, was Sie brauchen, solange Sie wissen, wie man es richtig macht.

- **„Es ist nicht gesund."** Kurz gesagt, Vegan ist fettarm, eine strenge pflanzliche Ernährung und es ist bekannt, dass es die gesundheitlichen Bedingungen von Menschen mit Herzkrankheiten und Diabetes umkehrt und verbessert. Es beugt auch der Fettleibigkeit vor, die weltweit ein zunehmendes Problem darstellt. Wie ist das überhaupt nicht gesund? Dennoch bedeutet vegan nicht automatisch, dass es gesund ist, vor allem, wenn Sie viel veganes Junk-Food konsumieren. Aber idealerweise ist die einfachste Form dieser Diät sehr vorteilhaft für Ihre Gesundheit.

- „Es ist teuer, aufrecht zu erhalten." Halten Sie sich an die Grundnahrungsmittel – Bananen, Kartoffeln, Getreide und Bohnen –, denn sie sind nicht nur die gesündesten, sondern auch die bequemsten. Wenn Sie wissen, wie man mit diesen Zutaten spielt, werden Sie feststellen, dass die vegane Ernährung sehr kostengünstig ist. Und haben Sie jemals nachgesehen, wie billig Gemüse ist? Es muss sich nicht um Vollwertkost handeln – Sie müssen nur wissen, wie Sie die Lebensmittel verwenden, die Sie zu sich nehmen können.

- „Ausgehen wird ein Alptraum sein." Die Leute haben solche Angst, vegan zu werden, weil sie denken, dass es so schwierig sein wird, auswärts zu essen. Wenn Sie die vegane Ernährung durch und durch kennen, werden Sie feststellen, dass es so viele Möglichkeiten für Sie gibt. Außerdem gibt es jetzt mehr vegane Restaurants, sodass es nicht so schwierig sein wird. Sie können den Kellner sogar nach einer veganen Alternative zu einem Gericht fragen, das Sie bestellen möchten, wenn Sie es sich leichter machen möchten.

- „Es wird Ihnen an Protein mangeln." Wissen Sie, woher Sie Ihr Protein beziehen können, da Sie kein Fleisch essen? Protein kann aus Bohnen, Nüssen, Hülsenfrüchten und Erbsen gewonnen werden. Sie sollten keinen Proteinmangel haben, wenn Sie genug davon in Ihre Ernährung aufnehmen.

Kapitel 2: Die gesundheitlichen Vorteile einer veganen Ernährung

Nur weil Sie den veganen Weg einschlagen, bedeutet das nicht, dass Sie der Inbegriff von Gesundheit sind. Aber die sorgfältig geplante vegane Ernährung kann sehr vorteilhaft für Ihre Gesundheit und Ihr Wohlbefinden sein.

Ist es die richtige Entscheidung für Sie?

Warum sollten Sie vegan werden? Von den vielen Ernährungsdisziplinen, die es gibt, warum sollten Sie den Veganismus hervorheben? Die Menschen entscheiden sich für Veganer aus drei Gründen: für ihre Gesundheit, die Umwelt und aus ethischen Gründen.

Wenn Sie Ihren Schritt verfestigen wollen, sollten Sie die drei Aspekte besser verstehen:

Gesundheit

Was die Gesundheit betrifft, so wendet man sich dem Veganismus zu und begibt sich in die Welt der Früchte und Gemüse, weil man erkennt, dass sie die sichersten Wetten gegen alle Arten von Krankheiten sind:

- Krebs (Darmkrebs und Prostatakrebs)
- Herz-Kreislauf-Erkrankungen
- Hypertonie
- Ischämische Herzkrankheit
- Fettleibigkeit
- Schlaganfall
- Typ-2-Diabetes

Die Welt ist sehr giftig. Es gibt viele potentielle Gifte in der Lebensmittelwelt und wenn Sie endlich die Auswirkungen dieser Tatsache erkennen, wissen Sie, dass Sie sich an Veganismus wenden und Ihr Leben verändern können. Ein gut durchdachter veganer Speiseplan kann sehr gesund sein. Ihr veganer Lebensstil kann Ihr Leben sehr gut verlängern und die Lebensqualität verbessern, die Sie leben.

Umgebung

Essen ist eine Notwendigkeit. Die Nahrungsmittelproduktion ist zu einer Priorität geworden, und sie war lange Zeit eine große Sache, aber die Welt wird nicht in der Lage sein, die Auswirkungen auf die Landwirtschaft aufrechtzuerhalten, wenn sie mit der gegenwärtigen Geschwindigkeit fortgesetzt wird. Die Nachfrage nach tierischen Produkten ist im Laufe der Jahre erheblich gestiegen, daher beschließt der Veganismus auch, den Planeten zu retten.

Die Praktiken bei der Lebensmittelproduktion nutzen die natürlichen Ressourcen des Planeten in hohem Maße aus. Wenn dies so weitergeht, werden sich die Bedingungen verschlechtern, und schließlich würde es nicht genug Nahrung geben, um alle zu ernähren.

Sie sollten verstehen, dass die Einführung eines veganen Lebensstils zu einem geringeren CO_2-Ausstoß führt. Es ist also mehr als eine gesunde Entscheidung für Ihren Körper, Sie machen auch eine gesunde Wendung für den Planeten (und alle anderen darin).

Ethisch

Haben Sie darüber nachgedacht, wie das Huhn auf Ihrem Teller zu Ihrem Esstisch gelangt ist? Die Welt genießt seit langem den Verzehr von Fleisch, ohne die schreckliche Wahrheit zu kennen, die mit dem Schlachten von Tieren zu Nahrungszwecken verbunden ist.

Sie müssen kein Tierliebhaber sein, um diesen Standpunkt zu vertreten. Viele der bekannten Methoden sind jedoch sehr invasiv, und Sie können nur dann aktiv gegen diese ungesunden Praktiken vorgehen, wenn Sie sich weigern, sie zu unterstützen. Ihre Hinwendung zum Veganismus sagt der Welt, dass Sie die Art von Person sind, die nicht sitzen und so tun wird, als wäre es in Ordnung, Tieren Schaden zuzufügen.

Diejenigen, die sich für eine vegane Ernährung entscheiden, treffen diese Entscheidung von ganzem Herzen, sei es für ihre Gesundheit, die Umwelt oder das Wohlergehen der Tiere. Wenn Sie wissen, was Sie jetzt wissen, denken Sie, dass dies die richtige Entscheidung für Sie ist?

Vegan werden und abnehmen

Fettleibigkeit ist ein weltweit führendes Problem, und aufgrund der negativen Auswirkungen von Fettleibigkeit gehen täglich viele Menschenleben verloren. Irgendwie dreht sich alles um, wenn Sie anfangen, zusätzliche Pfunde zu packen. Obwohl Fitness keine Garantie für eine optimale Gesundheit ist, sollten Sie mit Fettleibigkeit nicht einverstanden sein.

Veganismus und Gewichtsverlust hängen hauptsächlich vom hohen Fasergehalt von Gemüse und Obst ab. Faser, wenn Sie nicht wissen, ist wie ein Vakuum in Ihrem System. Wenn Sie viel Ballaststoffe haben, kann Ihr Körper den Verdauungstrakt effizienter von Giftstoffen reinigen. Abgesehen von seinen reinigenden Eigenschaften ist Gemüse extrem kalorienarm, so dass es bei der Gewichtskontrolle im Vergleich zu einer anderen Art von Diät hilfreich ist.

Vegane Ernährung verstehen

Wie können Sie also den vollen Nutzen des veganen Lebens maximieren? Es klingt alles gut auf dem Papier, aber wie können Sie diesen Lebensstil anwenden, damit Ihr Körper die richtige Menge an Nahrung erhält, die er braucht?

Fett

Während Sie denken, dass Sie klug darüber sind, das Fett zu umgehen, muss der Körper durch das Veganisieren noch mit Fett versorgt werden. Um dies zu unterstützen, können Sie Ihr Fett aus den folgenden Quellen beziehen:

- Avocado
- Kokosnuss
- Nussbutter (Cashewbutter, Erdnussbutter, Walnussbutter, Mandelbutter, Haselnussbutter)
- Nüsse
- Öle (Kokosöle, Olivenöl, Avocadoöl, Rapsöl, Reiskleieöl)

- Samenbutter (Kürbiskernbutter, Sonnenblumenbutter, Hanfsamenbutter)

Omega-3-Fettsäuren

Eine gesunde Art von Fett, können Sie Omega-3-Fettsäuren aus Rapsöl, Leinsamen, Leinsamenöl, Sojabohnen, Tofu und Walnüssen gewinnen.

Protein

Die Menschen glauben, dass Proteine nur aus Tieren und tierischen Nebenprodukten gewonnen werden. Der Körper braucht es, denn Muskeln und Knochen verlassen sich auf es für eine gesunde Struktur und Reparatur. Wenn Sie Veganer werden, erhalten Sie Ihr Protein von:

- Mandeln
- Brokkoli

- Kichererbsen
- Grünkohl
- Linsen
- Erdnussbutter
- Erbsen
- Kartoffeln
- Reis
- Sojamilch
- Spinat
- Tofu
- Vollkornbrot

Vitamin D und Vitamin B12

Vitamin D ist in der veganen Ernährung nicht leicht zu erhalten. B12 hingegen ist knapp, aber die Nachfrage ist recht gering. Unabhängig davon müssen Sie Ihre Ernährung entsprechend anpassen. Natürlich ist die natürlichste Quelle für Vitamin D nach wie vor der Sonnenschein, aber man kann sie auch aus mit Vitamin D angereicherter Reismilch und Sojamilch beziehen. Im Falle von Vitamin B12 sind es seine veganen Quellen:

- Red Star Nährstoffhefe (vegetarische Sportformel)
- Miso
- Seetang
- Tempeh

Kalzium

Es besteht kein Zweifel, dass der Körper Kalzium, Zink, Eisen und alle Arten von Mineralien benötigt. Kalzium ist für gesunde Knochen notwendig und wird aus den folgenden Quellen gewonnen:

- Mandeln
- Blackstrap-Melasse
- Mit Kalzium angereicherte Sojamilch
- Mit Kalzium angereicherter Orangensaft
- Dunkelgrünes Gemüse
- Sojabohnen
- Soja-Joghurt
- Tahini
- Tofu

Andere Mineralien

Eisen, das für die Blutgesundheit notwendig ist, wird bequem aus den folgenden Quellen bezogen:

- Rübengrün

- Schwarze Bohnen
- Schwarzaugen-Erbsen
- Blackstrap-Melasse
- Bokchoi
- Bulgur
- Kichererbsen
- Grünkohl
- Kidneybohnen
- Linsen
- Erbsen
- Pflaumensaft
- Rosinen
- Sojabohnen
- Mangold
- Tahini
- Tempeh
- Wassermelone

Zink ist für schwangere Frauen lebenswichtig und für die Aufrechterhaltung des Immunsystems unerlässlich. Es kann aus folgenden Quellen stammen:

- Hülsenfrüchte
- Nüsse und Samen
- Getreide
- Bohnen (Kidneybohnen, Karbanzo-Bohnen)

Ein gutes Wissen über Lebensmittel und deren Nährwert ist der Schlüssel dazu.

Kapitel 3: Wie man zu einer veganen Ernährung übergeht

Der Übergang von einer Ernährung zur anderen wird ein Kampf werden. Der Verzicht auf alte Routinen wird nicht einfach sein, aber ein erfolgreicher Übergang ist wirklich beeindruckend. In diesem Kapitel erfahren Sie, wie Sie Ihre Reise besser kontrollieren können.

Der Übergang zu pflanzlichen Lebensmitteln

Es scheint einfach, aber Sie können jeden fragen, der es jemals getan hat, und er wird Ihnen sagen, dass es nicht so ist. Eine Änderung vorzunehmen und neue Gewohnheiten anzunehmen, kann sehr schwierig sein, ist aber keine Unmöglichkeit.

Der beste Weg, dies in Angriff zu nehmen, besteht darin, einem Prozess zu folgen. Um die Dinge einfacher und leichter erreichbar zu machen, benötigen Sie einen schrittweisen Angriffsplan. Befolgen Sie für Ihre Reise zum Veganer diese Schritte, um einen reibungslosen Übergang zu gewährleisten:

- Schritt 1: Definieren Sie Ihre Motivation. Warum machen Sie diesen Schritt? Tun Sie dies für die Gesundheit? Treffen Sie eine ethische Entscheidung für die Umwelt und/oder für das Wohlergehen der Tiere? Möchtest du abnehmen? Es ist wichtig, dass dies klar ist, weil es Ihre Reise tanken wird. Wenn dies nicht ausreichend definiert ist, ist es recht leicht zu stocken. Wenn jedoch von Anfang an eine solide Grundlage geschaffen wurde, wird Ihr Übergang durch eine starke Motivation unterstützt.

- **Schritt 2: Setzen Sie Ihre Erwartungen.** Es wird kein Spaziergang im Park sein. Wer auch immer gesagt hat, dass es einfach wird, hat den Übergang wahrscheinlich nicht durchlaufen. Es ist schwierig und Sie werden jedes Mal aufhören wollen, also müssen Sie vorbereitet sein. Sie müssen bereit sein, mit sich selbst, den Trieben, der Versuchung usw. zu kämpfen. Einfach ausgedrückt, setzen Sie Ihre Erwartungen realistisch, aber vergessen Sie nicht, sich daran zu erinnern, dass dies bereits getan wurde, damit Sie es auch tun können. Ja, es ist schwer, aber am Ende gibt es eine bemerkenswerte Belohnung.

- **Schritt 3: Informieren Sie sich selbst.** Sie können dies nicht durchmachen, ohne sich zu setzen und es zu studieren. Die Welt des Veganismus ist nichts, was man aus einer Laune heraus macht, denn es gibt so viel zu lernen, wenn man es richtig macht. Es ist mehr als nur ein Wissen darüber, was man isst und was nicht. Dieses Buch bringt Sie an den richtigen Ort, nutzen Sie es also.

- **Schritt 4: Schreiben Sie sich einen Plan auf.** Mit den richtigen Informationen ausgestattet, können Sie die Dinge erreichbarer machen, indem Sie Ihre Ideen aufschreiben. Es dient als Leitfaden, so dass Sie nicht wie ein kopfloses Huhn hindurchgehen müssen. Ein Bonuskapitel in diesem Buch enthält einen Menüplan, den Sie verwenden können. Es kann eine Vorlage für den Plan sein, den Sie für sich selbst schreiben werden.

- **Schritt 5: Nehmen Sie es einen Tag nach dem anderen ein.** Natürlich wird all diese physische und mentale Vorbereitung ohne die entsprechende Aktion umsonst sein. Wenn Sie fertig sind, müssen Sie es schaffen. Nehmen Sie es einfach einen Tag nach dem anderen. Sie müssen sich nicht beeilen. Wenn Sie an einem Tag versagen, fangen Sie von vorne an. Irgendwann kommen die Dinge auf natürliche Weise zu Ihnen und Sie werden feststellen, dass Veganismus bereits in Ihrem System vorhanden ist.

Die richtige Ausstattung Ihrer Küche

Um Ihren neuen Lebensstil zu beginnen, müssen Sie Ihre Küche in eine vegane Speisekammer verwandeln. Zuerst müssen Sie all das Zeug loswerden, das Sie nicht brauchen, es wegwerfen oder es jemandem geben; als nächstes müssen Sie Ihre Mahlzeiten planen – schließlich müssen Sie einkaufen gehen.

Das Einkaufen für Lebensmittel wird Spaß machen. Solange Sie wissen, was Sie in Ihren Warenkorb legen sollen, sollte es nicht so schwer sein. Als Anfänger müssen Sie mit den Grundlagen beginnen. Schließlich werden Sie eine vegane Speisekammer bauen, die voll ausgestattet ist.

Lebensmittel	Quellen
Butterersatzstoffe	Öl und vegane Butter
Kohlenhydrate	Vollkornnudeln, Soba-Nudeln
Käse-Ersatzstoffe	Nährhefe, Reiskäse, Sojakäse, Nüsse und hausgemachter veganer Käse
Gewürze	Vegane Mayonnaise, gentechnikfreier Senf und Ketchup
Molkerei-Ersatzstoffe	Mandeljoghurt, Kokosjoghurt, Sojajoghurt, veganer Frischkäse
Ei-Ersatzstoffe	Apfelmus und Bananen, Aquafaba, Pfeilwurz-Eier, Chiasamen-Eier, Kichererbsenmehl-Eier, Maisstärke-Eier, gemahlene Leinsamen-Eier, Tofu
Früchte	Alle Früchte der Saison, insbesondere zuckerarme Früchte wie Grapefruit, Zitrone, Preiselbeeren, Limetten, Granatapfel, Erdbeeren, Heidelbeeren, schwarze Johannisbeeren, usw.
Milchersatzstoffe	Mandelmilch, Cashewmilch, Hanfmilch, Hafermilch, Reismilch, Sojamilch

Fleischersatzstoffe	Feldbrühwürste, Gartenfrisch- und Tiefkühlprodukte, Süßerde
Nüsse, Samen und Trockenfrüchte	Mandeln, Hanfsamen, Chiasamen, gemahlene Leinsamen
Pflanzliche Fleischersatzstoffe	Vollkornreis, Bulgur, Kichererbsen, Farro, Hülsenfrüchte, Bio-GVO-freier Tofu, Seitan, Tempeh, Quinoa, Vollkornprodukte
Proteine	Artischocken, Spargel, Amaranth, Mandeln, Bohnen, Brokkoli, Schwarzaugen-Erbsen, Chiasamen, Kichererbsen, Edamame, grüne Erbsen, grüne Bohnen, Hanfsamen, Hanfmilch, Linsen, Nährhefe, Hafermehl, Erdnussbutter, Soja, Spirulina, Spinat, Tahini, Tofu, Kürbiskerne, Quinoa

Gewürze	Chilipulver, Kreuzkümmel, getrocknetes Basilikum, Oregano, Rosmarin und Thymian, gemahlener Chipotle, gemahlener Ingwer, Zwiebelpulver, rote Paprikaflocken, Reisessig, Sriracha, Tamari oder Sojasauce,
Süßstoffe	Blackstrap-Melasse, 100% Bio-Ahornsirup, unverarbeitetes Stevia, Zulka
Gemüse	Alles in der Saison. Blattgemüse (vor allem) Aber fügen Sie viel Petersilie, Knoblauch, Koriander, Minze und Ingwer hinzu (zum Würzen).
Anderes	Apfelessig, Kichererbsenmehl, Flüssigrauch, Oliven, geröstete rote Paprikaschoten, sonnengetrocknete Tomaten

An einem brandneuen Lebensstil festhalten

Sobald Sie erfolgreich zum Veganismus übergegangen sind, ist es Ihr nächstes Ziel, diesen beizubehalten. Sie haben den Prozess erobert, daher ist es notwendig, dass Sie ihn in Ihrem System behalten – andernfalls ist er einfach umsonst.

Wie könne Sie vegan bleiben, nachdem Sie schon angefangen haben? Hier sind einige Gewinnstrategien, die Sie anwenden können:

- **Behalten Sie Ihren Kopf im Spiel.** Denken Sie immer an Ihre Motivationen und Gründe, denn sie sollen Ihrer Reise eine Richtung geben. Wenn Sie weitermachen wollen, müssen Sie Ihren Kopf im Spiel behalten.

- **Freude am veganen Essen finden.** Der Fehler, den die Menschen machen, ist, dass sie eine solche Diät als „Bestrafung" betrachten, wie kann man Glück in der Bestrafung finden? Sie müssen lernen, die ganze Erfahrung mit einer positiven Perspektive zu sehen. Entdecken Sie die vielen erstaunlichen veganen Rezepte und lassen Sie sich von der Speisenauswahl verwöhnen. Gesund muss nicht langweilig sein. Vegan ist nicht gleichbedeutend mit fad. Es kann großartig sein.

- **Packen Sie Ihr Essen ein.** Wenn Sie Essen auswärts essen und ausgehen immer ein Kampf für Sie ist, erwarten Sie das Schlimmste. Anstatt sich in eine falsche Position zu bringen, bereiten Sie sich darauf vor. Packen Sie Ihr Mittagessen ein, um zu arbeiten, zu reisen, sich zu treffen und so weiter. Verlassen Sie sich nicht auf die Existenz eines veganen Menüs. Nehmen Sie stattdessen die Dinge in Ihre eigenen Hände und packen Sie Ihr Essen ein.

- **Finden Sie gesunde Ersatzstoffe.** Wenn Sie Angst haben, sich mit einigen Ihrer Begierden zufrieden zu geben, dann gönnen Sie sich leckere Ersatzstoffe, die helfen, Ihrem Bauch zu sättigen.

- **Langsamer Übergang.** Einige Leute werden erwägen, einen kalten Entzug durchzuführen, um ihren alten Lebensstil aufzugeben, um eine völlig vegane Ernährung anzunehmen, aber wenn Sie denken, dass dies unmöglich sein wird, können Sie ein Tempo wählen, das Sie bewältigen können. Einige Menschen beginnen damit, jeweils nur ein tierisches Produkt aufzugeben, bis sie ganz vegan werden. Sie können mit dem Schneiden von Rindfleisch beginnen, oder Sie können erwägen, alle Fleischsorten außer Meeresfrüchten aufzugeben. Einige Leute werden mit einer veganen Mahlzeit pro Tag beginnen, bis sie mehr Selbstvertrauen haben, komplett vegan zu werden.

- **Fügen Sie Bewegung hinzu.** Wenn Sie sich selbst

Raum für etwas Genuss geben wollen und Ihre Ernährung für eine Weile entspannen wollen, fügen Sie etwas körperliche Aktivität hinzu, die die Dinge unter Kontrolle hält. Dies wiederum schließt den Kreis, denn nicht nur das Gesundheitsbewusstsein ist auf die Ernährung, sondern auch auf die Bewegung ausgerichtet.

Kapitel 4: Vermeidung dieser häufigen Fehler

Ihre Reise wird nicht einfach sein und Sie werden auf dem Weg dorthin auf Probleme stoßen. Vor allem, wenn man nicht vorsichtig ist und die Risiken ignoriert, kann es zu Fehlern kommen.

Wie immer wird die richtige Information Ihre stärkste Waffe sein. Wenn Sie sich die Zeit nehmen, Veganismus zu studieren, wird es für Sie einfacher sein, Fehler zu vermeiden.

Vermeidung der Risiken des Veganismus

Es gibt ein paar Risiken, denen Sie begegnen können, wenn Sie mit der veganen Ernährung beginnen:

1. **Zu viele Kalorien zu sich nehmen.** Da Reis, Brot und Nudeln keine Tiere sind, neigen die Menschen dazu, sich auf diese Kohlenhydrate zu konzentrieren, so dass sie am Ende so viel mehr essen. Konzentrieren Sie sich so weit wie möglich auf das Gemüse und die Körner, da sie am nahrhaftesten sind. Der Fehler ist, dass man, anstatt Vegetarier zu werden, am Ende ein Stärkemacher ist – und eine solche Ernährung ist sehr kalorienreich.

2. **Zu wenig Kalorien zu sich nehmen.** Nun, wenn Sie nicht übermäßig essen, essen Sie vielleicht zu wenig. Gemüse ist im Allgemeinen kalorienarm, und wenn sich Ihre Ernährung auf Gemüse konzentriert, können Sie Ihren Körper möglicherweise nicht effizient versorgen. Es wird natürlich zu Schwäche und Krankheiten führen.

3. *Nicht genügend Nährstoffe erhalten.* Sie müssen realistisch sein. Gemüse kann Sie nicht nur unterstützen, also müssen Sie die Welt des Veganismus erforschen, um Ihren Mangel an Eiweiß, Zink, Eisen, Kalzium, Vitamin D, Vitamin B12 und Omega-3-Fettsäuren ausgleichen zu können. Es gibt nicht-tierische Quellen für diese – und Ihr Wissen wird wichtig sein.

4. *Zu wenig Wasser trinken.* Der Körper braucht Wasser (mindestens sieben Gläser pro Tag), egal ob Sie Veganer sind oder nicht. Aber als eines ist Wasser notwendig, um die Ballaststoffe effizienter zu bewegen. Ihre Ernährung wird aufgrund der Früchte und Gemüse sehr ballaststoffhaltig sein, und Sie brauchen Wasser, damit Sie Probleme mit Verstopfung, Gas und Blähungen vermeiden können.

5. **Wenig bis gar keine Bedeutung für die Mahlzeitenplanung.** Einige Menschen fühlen sich zu selbstbewusst, und so geben sie auf, was sie zu Beginn ihrer Reise getan haben, wie z.B. die Planung von Mahlzeiten. Das ist wirklich in Ordnung, aber es macht Sie anfälliger für Fehler. Die Planung der Mahlzeiten ermöglicht es Ihnen, Ihre Bemühungen genauer zu planen. Es bewacht Ihre Mahlzeiten hautnah – so können Sie die Ernährung aufrechterhalten. So viel wie möglich, beobachten Sie religiös diese Gewohnheit, damit Sie auf Ernährung, Kalorien und Zutaten achten können. Außerdem ist es einfacher, Abwechslung zu gewährleisten, wenn man sich nach Plan hinsetzt.

Wenn Sie nicht vorsichtig sind, ist es leicht, unter diesen Risiken zu leiden, also achten Sie darauf, dass Sie mehr auf das achten, was Sie essen.

Schreiben Sie Ihren veganen Diätplan

Ein Musterplan liegt Ihnen am Ende dieses Buches vor. Sie können diesen Plan als Vorlage verwenden – damit Sie anfangen können, Ihren eigenen zu schreiben. Wie schreibt man einen Diätplan?

- Schritt 1: Kennen Sie die Grenzen Ihrer Ernährung. Welches Essen können Sie essen? Welche Lebensmittel sollten Sie vermeiden? Es ist wichtig, dass Sie dies vor allem anderen festgelegt haben, denn die nächsten Schritte werden von Ihrem perfekten Wissen über die Grenzen Ihrer Ernährung abhängen.

- **Schritt 2: Bestimmen Sie Ihre Makroverhältnisse und Kalorien.** Wie viele Kalorien werden Sie täglich zu sich nehmen? Wird dies für Ihre primären und speziellen Bedürfnisse ausreichend sein? Wirst du trainieren? Wenn ja, müssen Sie sicherstellen, dass Ihre Kalorienzufuhr dies unterstützt. Wie ist das Verhältnis Ihrer kalorischen Makronährstoffe? Wie viel Protein, Fett und Kohlenhydrate hat Ihre Ernährung? Es ist wichtig, dass Sie dies bestimmen, damit Sie einen Mahlzeitenplan entwerfen können, der den Anforderungen und Anforderungen Ihres Körpers entspricht.

- **Schritt 3: Wie viele Mahlzeiten werden Sie pro Tag einnehmen?** Werden Sie drei Mahlzeiten – Frühstück, Mittag- und Abendessen –– einnehmen oder fünf Mahlzeiten – Frühstück, Mittag- und Abendessen, Snacks am Vor- und am Nachmittag? Sie müssen sich entscheiden, weil Sie die Makronährstoffe und Kalorien entsprechend aufteilen müssen.

- **Schritt 4: Erstellen Sie Ihr Menü.** Wenn Sie ein Experte in der Küche sind und Ihre Rezepte schreiben, können Sie Spaß in diesem Abschnitt Ihres Plans haben zu schreiben, weil dies ist, wo Sie Ihre Phantasie und Kreativität zu erweitern. Wenn Sie ahnungslos sind, wie man ein Rezept erstellt, machen Sie sich keine Sorgen, denn es gibt viele Quellen, die Sie verwenden können. Dieses Buch hat bis zu 30 Rezepte enthalten, die Sie ausprobieren können. Zögern Sie nicht, sie nach Ihrem Geschmack zu optimieren.

- **Schritt 5: Beginnen Sie mit dem Einkaufen.** Sie haben alles aufgeschrieben und sorgfältig geplant; jetzt ist es Zeit für Sie, eine Einkaufsliste aufzustellen, die auf Ihrem Speiseplan basiert. Ein Mahlzeitenplan ist gut, weil er Ihre Handlungen im Lebensmittelgeschäft oder auf dem Markt lenkt. Sie müssen nicht von Gang zu Gang gehen und darüber nachdenken, was Sie bekommen sollen; Sie müssen nur einer Liste folgen, die auf dem Plan basiert. Es wird einfach werden.

Ernährungsmerkmale Ihrer veganen Ernährung

Dieses Buch hat über Kalorien, Nährstoffmakros und weiteres gesprochen. Vielleicht sind Sie verwirrt, wie Sie Ihre Ernährung planen sollen. Das Folgende ist eine Anleitung, die Sie verwenden können:

Kalorische Makros (Makronährstoffe)

Von dieser Anforderung hängt die tägliche Kalorienzufuhr einer Person ab. Eine Person kann sich mit 1500-3000 Kalorien versorgen, je nachdem, wie aktiv sie ist.

Geschlecht	Alter	Kalorien		
		Sesshaft	Mäßig aktiv	Aktiv
Kind	2-3	1000	1000-1400	1000-1400
Männlich	4-8	1400	1400-1600	1600-2000
	9-13	1800		
	14-18	2200	1800-2200	2000-2600
	19-30	2400		
	31-50+	2200	2400-2800	2800-3200
	51 oben	2000		
			2500-2800	3000
				2800-3000
			2400-2600	
				2400-2800
			2200-2400	

Weiblich	4-8	1200	1400-1600	1400-1800
	9-13	1600	1600-2000	1800-2200
	14-18	1800	2000	2400
	19-30	2000	2000-2200	2400
	31-50	1800	2000	2200
	51+	1600	1800	2000-2200

Ihre kalorischen Makros bestehen aus Eiweiß, Fett und Kohlenhydraten. Der Prozentsatz, den jeder von ihnen einnimmt, hängt von Ihren persönlichen Bedürfnissen ab. Diejenigen, die sich viel bewegen, benötigen erhöhte Mengen an Kohlenhydraten für Energie; diejenigen, die der ketogenen Ernährung folgen, werden eine fettreiche, kohlenhydratarme Ernährung beibehalten; und diejenigen, die die Paläo-Diät unterstützen, werden eine proteinreiche, kohlenhydratarme Ernährung beibehalten.

- Protein enthält 4 Kalorien pro Gramm.
- Kohlenhydrate enthalten 4 Kalorien pro Gramm.
- Fett enthält 9 Kalorien pro Gramm.

Die Tabelle oben zeigt Ihnen eine Schätzung, wie viel Kalorien Sie pro Tag benötigen, je nachdem, wie aktiv Ihr Leben ist. Die häufigste prozentuale Aufteilung dieser Makronährstoffe ist 40:40:20, wobei 20% Fett sind. Sie können den Prozentsatz abhängig von der Art der Ernährung, die Sie haben möchten, ändern, aber verwenden Sie diese Gleichung, um für Kalorien zu berechnen:

tägliche Kalorienzufuhr x Makroprozentsatz = Kalorienanzahl

Das bedeutet, dass, wenn Sie dem oben genannten Makro-Split folgen, Ihr Fettbedarf pro Tag (wenn Sie eine 30-jährige Frau mit einem sitzenden Lebensstil sind):

$$2000 \times 0{,}2 = 400 \text{ Kalorien}$$

Da es 9 Kalorien pro Gramm Fett gibt, sind 400 / 9 = 44,44 Gramm. Sie benötigen 44,44 Gramm Fett pro Tag.

Nun, hier ist eine Übersicht über Ihren Nährstoffbedarf. Es ist wichtig, dass Sie Ihre Ernährung entsprechend anpassen, um die Bedürfnisse Ihres Körpers zu befriedigen.

Nährstoff	Täglicher Bedarf
Protein	0,9 g pro kg Gewicht
Eisen	14,4-32,4 mg
Kalzium	1000 mg (Männer und Frauen zwischen 19-50 Jahren)
Vitamin B12	2 mcg
Vitamin D	800 IU
Jod	150-300 mg
Zink	15 mg
Omega-3-Fettsäuren	250-500 mg

Es gibt auch einige Anwendungen, die Sie auf Ihr Smartphone und Gadgets herunterladen können, um dies effizient durchführen zu können. Anwendungen wie „MyFitnessPal" helfen Ihnen, Ihre Mahlzeiten und Aktivitäten pro Tag aufzuzeichnen und gleichzeitig Kalorien und Ernährung zu berücksichtigen. Die Verwendung dieser Apps wird dazu beitragen, dass Sie alles bekommen, was Sie brauchen.

Hat Ihnen dieses Buch bisher gefallen? Hoffentlich haben Sie schon viel gelernt, weil Sie schon auf halbem Weg sind – die nächsten Kapitel werden noch spannender sein.

Kapitel 5: Vegane Frühstücksrezepte

Die erste Mahlzeit des Tages ist entscheidend. Viele Leute neigen dazu, es zu vernachlässigen, aber es ist eine sehr falsche Praxis. Ihr Frühstück ist dazu gedacht, Ihren Tag mit einem guten Licht zu beginnen, also stellen Sie sicher, dass Sie morgens eine gute Mahlzeit einnehmen.

Schauen Sie sich diese leicht verständlichen Rezepte an:

Schnittlauchwaffeln mit Sojapilzen und Ahorn

Portionen: 6

Vorbereitung: 25 Minuten

Zubereitungszeit: 20 Minuten

Zutaten:

- 1 Esslöffel Backpulver

- 130g Mehl
- 1 Teelöffel Zitronensaft
- 1 Esslöffel Ahornsirup
- 500 ml Reismilch oder Sojamilch
- 6 Champignons, in Scheiben geschnitten
- 150g Polenta
- 2 Teelöffel leichte Sojasauce
- 100g Süßkartoffeln, püriert
- 2 Esslöffel Rapsöl
- Haufen Schnittlauch geschnipst
- Olivenöl
- Soja-Joghurt (optional)
- Salz und Pfeffer, nach Belieben

Zubereitung:

1. In einer Schüssel Milch, Rapsöl und Essig vermengen. Gut vermischen und die Süßkartoffelpüree dazugeben und alles gut vermischen.

2. In einer anderen Schüssel das Mehl, die Polenta und das Backpulver mischen. Mit Salz würzen. Kombinieren Sie den Inhalt beider Schalen und fügen Sie dann den Schnittlauch hinzu, um den Teig zu vervollständigen.
3. Das Waffeleisen vorheizen, dann den Teig gießen und ca. 4-5 Minuten zubereiten.
4. In einer kleinen Schüssel Sojasauce mit Ahornsirup vermengen. Die Champignons mit dieser Mischung bestreichen und mit Pfeffer würzen. Zum Schluss die Pilze anbraten, bis sie gar sind.
5. Die Champignons auf den Waffeln servieren, dann einen Löffel Sojajoghurt und einen Spritzer Schnittlauch hinzufügen.

Kalorien	Fett	Kohlenhydrate	Ballaststoffe	Protein	Natrium
227	8g	30g	4g	7g	1,2g

Avocado-Salsa und mexikanische Bohnen auf Toast

Portionen: 4

Vorbereitung: 20 Minuten

Zubereitungszeit: 10 Minuten

Zutaten:

- 1 Avocado, fein geschnitten
- 2 Dosen schwarze Bohnen
- 4 Scheiben Brot
- 1 Teelöffel Chiliflocken oder 2 Teelöffel Chipotle-Paste
- 1 Teelöffel gemahlener Kreuzkümmel
- 2 Knoblauchzehen, zerdrückt
- ½ Limette, entsaftet
- 4 Esslöffel Olivenöl
- 1 Zwiebel, fein gehackt
- 270g Kirschtomaten, geviertelt
- Korianderstrauß

Zubereitung:

1. In einer Schüssel Limettensaft, ¼ Zwiebel, Tomaten und 1 Esslöffel Öl mischen und beiseite stellen.
2. In einer Pfanne die restlichen Zwiebeln und den Knoblauch anbraten, dann Kreuzkümmel und Chiliflocken (oder Chipotle) hinzufügen. Fügen Sie einen Spritzer Wasser und die Bohnen hinzu, dann den größten Teil der Tomatenmischung mit dem größten Teil des Koriander.
3. In der Zwischenzeit rösten Sie das Brot mit einem Schuss des restlichen ¼ Öls.
4. Um alles zu servieren, legen Sie eine Kugel der Bohnenmischung auf den Toast und fügen Sie ein paar Scheiben Avocado hinzu, und geben Sie die restliche Koriander-Tomaten-Mischung dazu.

Kalorien	Fett	Kohlenhydrate	Ballaststoffe	Protein	Natrium
368	19g	30g	13g	12g	0,9g

Zitronenmohn-Scones

Portionen: 12

Vorbereitung: 10 Minuten

Zubereitungszeit: 15 Minuten

Zutaten:

- 4 Teelöffel Backpulver
- 2 Tassen Allzweckmehl
- 1 Zitrone, entsaftet und gewürzt
- ¾ Becher Margarine
- 2 Esslöffel Mohn
- ½ Teelöffel Salz
- ½ Tasse Sojamilch
- ¾ Tasse weißer Zucker
- ½ Tasse Wasser

1. Auf 400°F vorheizen. Ein Backblech einfetten.

2. In einer Schüssel Mehl, Backpulver, Zucker, Salz und Salz mischen und alles zusammen sieben. Die Margarine langsam hinzufügen, bis die Masse glatt ist.
3. Zitronensaft und Schale, Mohn, Sojamilch und Wasser hinzufügen. Alles zu einem Teig verrühren.
4. Löffeln Sie ¼ Tasse Teig auf das Backblech und stellen Sie sicher, dass sie etwa 3 Zoll voneinander entfernt sind.
5. In den Ofen stellen und ca. 10-15 Minuten backen oder bis sie goldbraun sind.

Kalorien	Fett	Kohlenhydrate	Protein	Natrium
250	12,3	30,8g	3 g	0,354g

Vegane Crepes

Portionen: 4

Vorbereitung: 5 Minuten

Zubereitungszeit: 20 Minuten

Zutaten:

- 1 Tasse ungebleichtes Allzweckmehl
- 2 Esslöffel Ahornsirup
- ½ Tasse Sojamargarine
- ½ Tasse Sojamilch
- ¼ Teelöffel Salz
- 1 Esslöffel Turbinadozucker
- ½ Tasse Wasser

1. Kombinieren Sie in einer großen Schüssel Wasser, Sojamilch, ¼ Tasse Margarine, Ahornsirup, Zucker, Mehl und Salz. Alles abdecken und im Kühlschrank ca. 2 Stunden abkühlen lassen.

2. In einer Pfanne Sojamargarine erhitzen und ca. 3 Esslöffel Teig zu dem Crêpe geben. Zum Kochen auf der anderen Seite umdrehen.
3. Sie können frischen Früchte für Ihre Füllung auswählen.

Kalorien	Fett	Kohlenhydrate	Protein	Natrium
268	12,1g	35,6g	4,3g	0,295g

Garbanzo-Ofen-Pfannkuchen

Portionen: 4

Vorbereitung: 5 Minuten

Zubereitungszeit: 15 Minuten

Zutaten:

- 1 Teelöffel Backpulver
- ½ Teelöffel gemahlener Zimt
- ¼ Tasse gelbes Maismehl
- ½ Tasse Barbanzo-Bohnenmehl
- ¾ Becher Haferflocken
- 1 Tasse Wasser

Zubereitung:

1. In einer großen Schüssel Hafer, Barbanzo-Bohnenmehl, Zimt, Maismehl und Backpulver mischen. Sie können mehr Wasser hinzufügen, wenn die Mischung zu dick ist. Alles kontinuierlich mischen, bis es glatt und cremig ist.

2. In einer Pfanne Öl erhitzen und einen großen Löffel des Teigs zum Kochen hinzugeben. Ca. 3 Minuten pro Seite garen lassen.
3. Servieren Sie die Pfannkuchen mit Ihren Lieblingsfrüchten oder Sirup.

Kalorien	Fett	Kohlenhydrate	Protein	Natrium
133	1,9g	24,5g	4,9	0,125g

Kapitel 6: Vegane Mittagsrezepte

Das Mittagessen dient als Boxenstopp-Mahlzeit, wenn Sie also einen sehr hektischen Tag haben, wird diese Mahlzeit sehr wichtig sein. Dies ist von wesentlicher Bedeutung, um sicherzustellen, dass der Körper nicht in Versorgungsschwierigkeiten gerät, um seine verschiedenen Funktionen zu erfüllen.

Schauen Sie sich diese leicht verständlichen Rezepte an:

Pfannenbraten aus Seitan und schwarzen Bohnen

Portionen: 4

Vorbereitung: 20 Minuten

Zubereitungszeit: 25 Minuten

Zutaten:

- 1 Dose schwarze Bohnen

- 1 rote Chilischote, fein gehackt
- 1 Esslöffel Maisstärke
- 1 Teelöffel chinesisches Fünf-Gewürze-Pulver
- 3 Knoblauchzehen
- 2-3 Esslöffel Pflanzenöl
- 300g Pak Choi, gehackt
- 1 Esslöffel Erdnussbutter
- 2 Esslöffel Reisessig
- 1 rote Paprika, in Scheiben geschnitten
- 1 Glas Seitanstücke
- 2 Frühlingszwiebeln, in Scheiben geschnitten
- 75g brauner Zucker
- 2 Esslöffel Sojasauce
- Reis oder Nudeln, gekocht

Zubereitung:

1. In einer Küchenmaschine die Bohnen mit braunem Zucker, Knoblauch, Sojasauce, Fünf-Gewürze-Pulver, Reisessig, Erdnussbutter und rotem Chili kombinieren. Fügen Sie Wasser hinzu, um es glatter zu machen, dann gießen Sie alles in einen Topf und erwärmen es, bis es dicker wird.
2. Trocknen Sie das Seitan, mischen Sie sie dann in einer Schüssel mit Maismehl und legen Sie sie zur Seite.
3. In einer großen Pfanne das Öl erhitzen, dann die Seitan anbraten, bis sie an den Rändern braun ist, und dann beiseite stellen.
4. In der gleichen Pfanne trocknen und mit Öl beträufeln. Paprika, Pak Choi, Frühlingszwiebel und die restlichen Bohnen anbraten. Die Seitan hinzufügen und die Sauce dazugeben. Alles zum Kochen bringen und auf dem gekochten Reis oder den Nudeln servieren.

Kalorien	Fett	Kohlenhydrate	Ballaststoffe	Protein	Natrium
326	8g	37g	7g	22g	3,08g

Ei-Loses Quiche mit Tofu & Spinat

Für 6 Personen

Vorbereitung: 15 Minuten

Zubereitungszeit: 30 Minuten

Zutaten:

- 2/3 Tasse milchfreier Cheddarkäse, zerkleinert
- ½ Becher milchfreier Schweizer Käse, zerkleinert
- 1 Teelöffel Knoblauch, gehackt
- 1/3 Tasse Mandelmilch
- ¼ Becher Zwiebel, gewürfelt
- 9 Zoll ungebackene Kuchenkruste
- 10 Unze gefrorener Spinat, aufgetaut und gehackt
- 8 Unze Tofu
- Salz und Pfeffer, nach Belieben

Zubereitung:

1. Den Ofen auf 350°F vorheizen.
2. In einem Mixer Milch und Tofu mischen und dann glatt rühren. Mit Salz und Pfeffer würzen.

3. In einer Schüssel Knoblauch, Spinat, Zwiebel, Schweizer Käse, Cheddarkäse und die zubereitete Tofumasse vermengen. Alles gut vermischen und dann in die Kuchenkruste gießen.
4. In den Ofen stellen und 30 Minuten backen lassen oder bis die Oberseite goldbraun ist.

Kalorien	Fett	Kohlenhydrate	Protein	Natrium
288	18,8g	18,5g	12,7g	0,489g

Veganer Mac ohne Käse

Portionen: 4

Vorbereitung: 15 Minuten

Kochen 45 Minuten

Zutaten:

- 1 Tasse Cashewnüsse
- 1 Teelöffel Knoblauchpulver
- 1/3 Zitronensaft
- 1 Teelöffel Zwiebelpulver
- 1 Zwiebel, gehackt
- 8 Unze-Ellenbogen-Makkaroni
- 1/3 Tasse Rapsöl
- 1 Esslöffel Pflanzenöl
- 4 Unze geröstete rote Paprika
- 1 1 1/3 Tassen Wasser
- 3 Esslöffel Nährhefe
- Salz, nach Belieben

Zubereitung:

1. Den Ofen auf 350°F vorheizen.
2. In einem Topf Wasser mit einer Prise Salz kochen und die Makkaroni ca. 8 bis 10 Minuten al dente kochen. In einer Auflaufform beiseite stellen.
3. In einem Topf Öl erhitzen und Zwiebeln anbraten und dann zu den Makkaroni geben.
4. In einem Mixer Zitronensaft, Cashewnüsse, Wasser und Salz mischen. Langsam die gerösteten roten Paprikaschoten, Rapsöl, Knoblauchpulver, Nährhefe und Zwiebelpulver hinzufügen. Fahren Sie mit dem Mischen fort, bis Sie eine glatte Konsistenz erreicht haben.
5. Die Mischung zu den Makkaroni geben und die Form in den Ofen stellen, um sie ca. 10-15 Minuten lang zu backen oder bis sie gebräunt ist.

Kalorien	Fett	Kohlenhydrate	Ballaststoffe	Protein	Natrium
648	31,2g	69,6g	1g	16,5g	0,329g

Nudeln mit Tomaten, Basilikum und Olivenöl

Portionen: 8

Vorbereitung: 15 Minuten

Kochen 10 Minuten

Zutaten:

- ½ Tasse frisches Basilikum, in Streifen geschnitten
- 2 Knoblauchzehen, gehackt
- ½ Tasse Olivenöl
- 16 Unze Farfalle Teigwaren
- 2 Roma-Tomaten, entkernt und gewürfelt
- Salz und Pfeffer, nach Belieben

Zubereitung:

1. In einem Topf Wasser mit Salz kochen und die Nudeln 8 bis 10 Minuten lang bissfest garen. Abtropfen lassen und beiseite stellen.
2. In einer Schüssel die gekochten Nudeln mit Olivenöl, Tomaten, Basilikum und Knoblauch vermischen. Mit Salz und Pfeffer würzen und servieren.

Kalorien	Fett	Kohlenhydrate	Protein	Natrium
345	14,9g	44,1g	8,4g	3g

Karotten-Reis-Nuss-Burger

Portionen: 20

Vorbereitung: 1 Stunde

Zubereitungszeit: 1 Stunde 30 Minuten

Zutaten:

- 1 Tasse Cashewnüsse, geröstet
- 6 Karotten, gehackt
- 1 Esslöffel natives Olivenöl extra
- 1 süße Zwiebel, gehackt
- 3 Tassen brauner Reis, ungekocht
- 1 Pfund ungesalzene Sonnenblumenkerne, geröstet
- 6 Tassen Wasser
- Salz, nach Belieben

Zubereitung:

1. In einem Topf Reis in Wasser kochen und die Hitze reduzieren, damit er etwa 45 Minuten köcheln kann.

2. In einer Küchenmaschine Cashewnüsse und Sonnenblumenkerne kombinieren und glatt laufen lassen. Beseite stellen.
3. Die Zwiebeln und Karotten in der Küchenmaschine bis zur Feinzerkleinerung laufen lassen und mit den Nüssen kombinieren.
4. Den Reis mit Öl in der Küchenmaschine glatt rühren und mit allem vermischen. Mit Salz würzen und Patties formen.
5. Die Patties ca. 6-8 Minuten pro Seite grillen oder bis sie gebräunt sind. Mit Vollkornbrötchen oder Salatgrün servieren.

Kalorien	Fett	Kohlenhydrate	Protein	Natrium
270	16,2g	26,3g	7,7g	0,073g

Kapitel 7: Vegane Abendessenrezepte

Das Abendessen ist eher eine Belohnung für jeden Tag, den Sie hatten. Es muss nicht schwer sein, aber es sollte nahrhaft genug sein, damit sich Ihr Körper gründlich vom Tag erholen kann. Einige Leute würden denken, auf das Abendessen zu verzichten, weil sie sich für den Tag zurückziehen wollen. Der Körper führt bestimmte Funktionen im Schlaf aus. Sie müssen ihn also mit den benötigten Funktionen versorgen, damit er für den nächsten Morgen erneuert wird.

Schauen Sie sich diese leicht verständlichen Rezepte an:

Süßkartoffel-Kokos-Curry

Portionen: 6

Vorbereitung: 20 Minuten

Zubereitungszeit: 6 Stunden 30 Minuten

Zutaten:

- 250g Rotkohl, zerkleinert
- ½ Teelöffel Cayennepfeffer
- 2 rote Chilischoten, entkernt und in Scheiben geschnitten
- 3 Knoblauchzehen, zerdrückt
- 1 kleine Wurzel Ingwer, geschält
- 400ml Kokosnussmilch
- 4 Teelöffel Olivenöl
- 2 Zwiebeln, in Scheiben geschnitten
- 300g Passata
- 1 Teelöffel Paprika
- 2 Esslöffel Erdnussbutter
- 2 rote Paprikaschoten, entkernt und in Scheiben geschnitten
- 1 kg Süßkartoffeln, gehackt
- Korianderstrauß
- Couscous, gekocht

Zubereitung:

1. In der Pfanne Öl erhitzen und Zwiebel und Knoblauch dünsten, bis sie weich sind. Ingwer, Paprika und Cayenne dazugeben. Alles noch eine Minute kochen lassen und dann in den langsamen Kocher stellen.

2. Mit der gleichen Pfanne Öl erhitzen und Chili, Rotkohl und Paprika anbraten. Alles ca. 4-5 Minuten garen und dann in den Dauerkocher stellen.

3. Mit der gleichen Pfanne das restliche Öl hinzufügen und die Süßkartoffeln anbraten, bis die Ränder gebräunt sind, und dann in den langsamen Kocher geben.

4. Decken Sie den Inhalt des Slow Cooker mit Kokosmilch und Passata ab. Alles bedecken und ca. 6-8 Stunden kochen lassen oder bis die Kartoffeln weich sind.

5. Vor dem Verfeinern die Erdnussbutter hinzufügen und mit Salz und Pfeffer würzen. Das Curry auf Couscous servieren und mit Koriander garnieren.

Kalorien	Fett	Kohlenhydrate	Ballaststoffe	Protein	Natrium
434	22g	47g	10g	6g	0,2g

Veganer Hirtenkuchen

Portionen: 8

Vorbereitung: 30 Minuten

Zubereitungszeit: 1 Stunde 20 Minuten

Zutaten:

- 4 Karotten, gewürfelt
- 4 Selleriestangen, gehackt
- 400g Kichererbsen
- 3 Knoblauchzehen, zerdrückt
- 2 Lauchstangen, gehackt
- ½ Kleinpackung Majoran oder Oregano, grob gehackt
- 20ml Olivenöl
- 2 Zwiebeln, gehackt
- 1 kleine Packung Petersilie, gehackt
- 300g gefrorene Erbsen
- 30g getrocknete Steinpilze, eingeweicht und abgetropft
- 2 Teelöffel geräucherte Paprika

- 1,2 kg Kartoffeln
- ½ Kleinpackung Salbei, grob gehackt
- 300g gefrorener Spinat
- 1 Butternusskürbis, geschält und gewürfelt
- ½ Kleinpackung Thymian, gepflückt
- 2 Esslöffel Tomatenmark
- 50ml Pflanzenöl
- 1 Würfel Gemüsebrühe
- Tomatenketchup (optional)

Zubereitung:

1. Den Ofen auf 350°F vorheizen.
2. Die ungeschälten Kartoffeln in einem Topf zum Kochen bringen, bis sich die Schale gelöst hat. Abtropfen lassen und beiseite stellen.
3. In einer Pfanne Öl erhitzen und Zwiebeln, Pilze, Lauch und Karotten anbraten. Gemüsebrühe hinzufügen und alles köcheln lassen.
4. Knoblauch, Paprika, Tomatenmark, Kürbis und Kräutermischung hinzufügen. Zum Schluss den Sellerie hinzufügen und alles garen.

5. Die Kichererbsen, einschließlich des Wassers in der Dose, hinzufügen, dann den Spinat und die Erbsen hinzufügen.
6. Die Kartoffeln schälen und 200g in die Brühe pürieren. Den Rest der Kartoffeln nehmen und mit Olivenöl und Petersilie vermengen.
7. Die Kartoffelfüllung in die Kuchenplatten teilen und mit den gehackten Kartoffeln belegen. In den Ofen stellen und 45 Minuten backen lassen oder bis die Oberseite goldfarben ist. Mit oder ohne Ketchup servieren.

Kalorien	Fett	Kohlenhydrate	Ballaststoffe	Protein	Natrium
348	11g	43g	13g	11g	0,5g

Gebratenes Sommergemüse und Kichererbsen

Portionen: 4

Vorbereitung: 20 Minuten

Zubereitungszeit: 50 Minuten

Zutaten:

- 1 Aubergine, dick geschnitten
- 400g Dose Kichererbsen
- 1 Esslöffel Koriandersamen
- 1 Bund Koriander, grob gehackt
- 3 Zucchini, dick geschnitten
- 3 Knoblauchzehen, gehackt
- 4 Esslöffel Olivenöl
- 1 Zwiebel, gehackt
- 2 rote Paprikaschoten, entkernt und gehackt
- 2 Kartoffeln, geschält und gehackt
- 400g Dosentomaten, gehackt

Zubereitung:

1. Den Ofen auf 428°F vorheizen.

2. Nehmen Sie eine Bratform und legen Sie das ganze Gemüse hinein. Mit Korianderkernen, Olivenöl, Salz und Pfeffer würzen. In den Ofen stellen und ca. 45 Minuten braten oder bis das Gemüse an den Rändern braun wird.
3. Die Hitze reduzieren und die Kichererbsen und Tomaten dazugeben, dann alles köcheln lassen. Mit Öl beträufeln und Koriander dazugeben, kurz bevor man ihn aus dem Ofen nimmt.

Kalorien	Fett	Kohlenhydrate	Ballaststoffe	Protein	Natrium
327	15g	40g	9g	11g	0,51g

Gemüse und Tofu in Erdnusssauce

Portionen: 4

Vorbereitung: 10 Minuten

Zubereitungszeit: 10 Minuten

Zutaten:

- 1 Kopf Brokkoli, gehackt
- 1 ½ Esslöffel Melasse
- 5 Pilze, in Scheiben geschnitten
- 1 rote Paprika
- 1 Esslöffel Erdnussöl
- ½ Tasse Erdnussbutter
- 2 Esslöffel Sojasauce
- 1 Pfund fester Tofu, gewürfelt
- 2 Esslöffel Essig
- ½ Tasse heißes Wasser
- gemahlener Cayennepfeffer, nach Belieben

Zubereitung:

1. In einer Pfanne rote Paprika, Brokkoli, Pilze und Tofu ca. 5 Minuten lang anbraten.
2. In der Zwischenzeit in einer Schüssel heißes Wasser, Erdnussbutter, Sojasauce, Essig, Melasse und Cayennepfeffer mischen. Gut vermischen und über das Gemüse in der Pfanne gießen. Alles köcheln lassen, bis das Gemüse weich ist.

Kalorien	Fett	Kohlenhydrate	Protein	Natrium
442	29,9g	24g	29g	0,641g

Vegane Fajitas

Portionen: 6

Vorbereitung: 20 Minuten

Zubereitungszeit: 20 Minuten

Zutaten:

- 15 Unze schwarze Bohnen
- 1 Teelöffel Chilipulver
- 8,75 Unzen Vollkornmais
- ¼ Tasse, 2 Esslöffel Olivenöl
- 1 Zwiebel, in Scheiben geschnitten
- 1 Teelöffel getrockneter Oregano
- 1 grüne Paprika, juliensiert
- 1 rote Paprika, juliensiert
- 4 Vollkorn-Tortillas
- 1 Teelöffel Weißzucker
- 2 gelbe Kürbisse, juliensiert
- ¼ Tasse Rotweinessig
- 2 Zucchini, juliensiert
- Knoblauchsalz, nach Belieben

- Salz und Pfeffer, nach Belieben

Zubereitung:
1. In einer Schüssel Essig, Olivenöl, Chilipulver, Oregano, Zucker, Knoblauchsalz, Salz und Pfeffer mischen. Alles gut mischen.
2. Gelbe Kürbis, Zucchini, grüne Paprika, rote Paprika und Zwiebel dazugeben. Im Kühlschrank ca. 30 Minuten marinieren lassen. Die Marinade vor dem Kochen abtropfen lassen.
3. Das Gemüse in einer Pfanne braten, bis es weich ist. Bohnen und Mais dazugeben und weiterkochen, bis das Gemüse gebräunt ist.
4. Die Fajitas anrichten und die Füllung in die Tortillas füllen, um sie zu servieren.

Kalorien	Fett	Kohlenhydrate	Protein	Natrium
198	14,4g	17,9g	3g	0,130g

KAPITEL 8: VEGANE DESSERT-REZEPTE

Es gibt immer Platz für Desserts – und als Veganer sollten Sie trotzdem Platz für die süßen Sachen machen, weil sie die Ernährung so viel angenehmer machen werden. Denken Sie nicht, dass Sie, nur weil Sie vegan geworden sind, die lustigen Dinge im Leben nicht genießen können. Sie irren sich.

Schauen Sie sich diese leicht verständlichen Rezepte an:

Veganer Karottenkuchen

Portionen: 12-15

Vorbereitung: 35 Minuten

Zubereitungszeit: 25 Minuten

Zutaten:
- 1 ½ Teelöffel Backpulver

- 4 Karotten, gerieben
- 2 Esslöffel Cashewnussbutter
- 1 Teelöffel Zimt
- 4 Beutel cremige Kokosnusscreme
- 250ml Kokosöl, geschmolzen
- 420g einfaches Mehl
- 1 Teelöffel Ingwer
- 1 Esslöffel Zitronensaft
- 1 Teelöffel gemahlene Muskatnuss
- 60 ml, 210 ml Hafermilch
- 1 Orange, nur Schale
- 1 ½ Teelöffel Natronbikarbonat
- 300g hellbrauner Zucker
- 50g Puderzucker
- 1 ½ Teelöffel Vanilleessenz
- 75g Walnüsse, gehackt
- essbare Blüten, optional

Zubereitung:

1. In einer Schüssel Kokosnusscreme mit Zitronensaft und 2 Esslöffeln heißem Wasser mischen. Alles gut vermengen, bis es glatt ist, dann die Cashewbutter hinzufügen. Zum Schluss den Puderzucker hinzufügen und nach ausreichender Mischung im Kühlschrank zur Seite stellen.
2. Den Ofen auf 350°F vorheizen. Zwei Kuchendosen mit Kokosöl einfetten.
3. In einer Schüssel Zucker und Öl mischen und dann die Milch und Vanille-Essenz hinzufügen. Nach dem Mischen Mehl, Natron, Backpulver und Orangenschale hinzufügen. Zum Schluss die Karotten und Nüsse hinzufügen.
4. Den Teig in die Kuchenformen geben und in den Ofen stellen, um ihn ca. 25-30 Minuten lang zu backen oder bis ein Zahnstocher sauber herauskommt.

5. Den Kuchen übereinander stapeln, mit einer Schicht Zuckerguss in der Mitte. Dann die restliche Glasur auf dem Kuchen verteilen und mit einem Streusel Nüsse, Zimt und essbaren Blumen (falls verwendet) vollenden.

Kalorien	Fett	Kohlenhydrate	Ballaststoffe	Protein	Natrium
501	31g	49g	2g	5g	0,45g

Gesalzene Karamell-Keksriegel

Macht: 18 Stück

Vorbereitung: 45 Minuten

Zubereitungszeit: 15 Minuten

Zutaten:

- 20g gemahlene Mandeln
- 150g milchfreie Zartbitterschokolade
- 3 Esslöffel, 2 Esslöffel Kokosöl, geschmolzen
- 125g Medjool-Datteln entkernt
- 50ml Ahornsirup
- ½ Esslöffel Mandelmilch
- 1 ½ Esslöffel Erdnussbutter oder Mandelbutter
- 80g Haferbrei Haferflocken
- Prise Salz

Zubereitung:

1. Den Ofen auf 350°F vorheizen und eine Auflaufform mit Pergamentpapier auslegen.

2. In einer Küchenmaschine Hafer mischen und mehlartig laufen lassen. Mandeln, Ahornsirup und 3 Esslöffel Kokosöl hinzufügen und alles gut vermischen.

3. Sobald der Teig geformt ist, rollen Sie ihn und schneiden Sie ihn in rechteckige Stäbe, dann legen Sie ihn auf das Backblech. In den Ofen stellen und ca. 10 Minuten backen lassen.

4. Kombinieren Sie in derselben Küchenmaschine die Datteln, Erdnussbutter (oder Mandelbutter), Kokosöl und Mandelmilch. Mit Salz würzen und alles vermengen lassen, bis es glatt ist. Nach und nach die Kekse in die Karamellmasse tauchen und beiseite stellen.

5. In einer hitzebeständigen Schüssel die Schokolade über einer Pfanne mit heißem Wasser schmelzen und sicherstellen, dass das Wasser nicht in die Schokolade gelangt. Die Karamell-Tauchkekse tauchen, dann alles auf das Tablett legen.

6. Das Tablett in den Kühlschrank stellen und darin lassen, bis die Schokolade ausgehärtet ist.

Kalorien	Fett	Kohlenhydrate	Ballaststoffe	Protein	Natrium
137	8g	13g	2g	2g	0,1g

Mint-Chip-Kokosnussmilch-Eiscreme

Portionen: 8

Vorbereitung: 10 Minuten

Zutaten:

- 1/3 Tasse Agavendicksaft
- 3 Unze vegane schwarze Schokolade, gehackt
- 24 Unzen Kokosnussmilch
- 1 Teelöffel Pfefferminzextrakt

Zubereitung:

1. Kühlen Sie alle Zutaten, um den Gefrierprozess viel schneller zu gestalten.
2. Kombinieren Sie Kokosmilch, Pfefferminzextrakt und Agavensirup in einem Mixer. Verarbeiten Sie es, bis die Masse glatt ist.
3. Den Inhalt nach den Anweisungen des Herstellers an eine Eismaschine übergeben. Die Schokolade hinzufügen und alles vor dem Servieren 2 Stunden lang einfrieren.

Kalorien	Fett	Kohlenhydrate	Protein	Natrium
269	22g	19,4g	2,3g	0,012g

Veganer Orangenkuchen

Portionen: 16

Vorbereitung: 15 Minuten

Kochen 30 Minuten

Zutaten:

- 1 ½ Teelöffel Backpulver
- 1 ½ Becher Allzweckmehl
- 1 Orange, geschält
- 1 Tasse weißer Zucker
- ½ Tasse Pflanzenöl
- ¼ Teelöffel Salz

Zubereitung:

1. Ofen auf 375°F vorheizen, eine 8x8 Backform einfetten.
2. In einem Mixer Orange mischen, bis Sie 1 Tasse Orangensaft messen.

3. In einer Schüssel Orangensaft, Zucker, Mehl, Backpulver, Pflanzenöl und Salz mischen. Zusammen gut verrühren und in die Pfanne geben.
4. In den Ofen stellen und 30 Minuten oder bis zum Durchkochen backen lassen und ein Zahnstocher kommt sauber heraus.

Kalorien	Fett	Kohlenhydrate	Ballaststoffe	Protein	Natrium
157	7g	22,8g	1g	1,3g	0,155g

Vegane Rose Meringues

Portionen: 40

Vorbereitung: 30 Minuten

Zubereitungszeit: 1 Stunde 30 Minuten

Zutaten:

- ¾ Tasse Aquafaba (Kichererbsenwasser)
- ¼ Teelöffel Weinsteincreme
- ¼ TL Zitronensaft
- 1 Teelöffel Rosenwasser
- ¾ Tasse Konditorzucker

Zubereitung:

1. Den Ofen auf 200°F vorheizen.
2. In einer großen Schüssel Rosenwasser, Aquafaba, Tatarcreme und Zitronensaft mischen. Mit einem Elektromixer alles leicht und locker mischen. Den Konditorzucker in kleinen Schritten hinzufügen, bis sich steife Spitzen bilden.

3. Mischung in einen Spritzbeutel schöpfen und mit einer runden Spitze versehen.
4. Rohrbefestigungen der Mischung auf den mit Backblechen ausgekleideten Backblechen. In den Ofen stellen und 1 ½ bis 2 Stunden backen oder bis die Meringues trocken und fest sind.

Kalorien	Fett	Kohlenhydrate	Protein	Natrium
11	0g	2,4g	0g	0g

Kapitel 9: Vegane Suppen, Eintöpfe und Salate

Suppen und Salate sind großartige Vorspeisen oder Beilagen, daher ist es gut, sie entweder als kleine Mahlzeit oder als Füllstoff zu haben. Eintöpfe hingegen sind eine spezielle Art von Gericht, das eine dicke und geschmackvolle Sauce enthält.

Knuspriger Bulgur-Salat

Portionen: 4

Vorbereitung: 10 Minuten

Zubereitungszeit: 15 Minuten

Zutaten:

- 75g ganze blanchierte Mandeln
- 200g Bulgur-Weizen

- 150g tiefgefrorene, geschälte Edamame (Sojabohnen) Bohnen
- 1 Bund Minze, fein gehackt
- 3 Esslöffel natives Olivenöl extra
- 2 Orangen
- 1 Bund Petersilie, fein gehackt
- 2 Romano-Paprika, gesät und geschnitten
- 150 g Radieschen, fein geschnitten

Zubereitung:
1. Die Bulgur nach Packungsanweisung garen. Leg es beiseite.
2. In einer Schüssel Edamame eine Minute lang in kochendem Wasser einweichen und dann abtropfen lassen.
3. In einer großen Schüssel die eingeweichte Edamame, Mandeln, Rettich, Paprika, Petersilie und Minze mischen.
4. 1 Orange schälen und in Segmente schneiden. In die Schüssel geben.

5. Die andere Orange entsaften und in einem kleinen Glas sammeln und mit Öl vermengen. Würzen Sie es und schütteln Sie es dann gut, damit es emulgiert. Geben Sie alles über Ihren Salat.

Kalorien	Fett	Kohlenhydrate	Ballaststoffe	Protein	Natrium
483	22g	50g	9g	17g	0g

Tomatensuppe

Portionen: 4

Vorbereitung: 15 Minuten

Zubereitungszeit: 20 Minuten

Zutaten:

- 2 Lorbeerblätter
- 1 Karotte, gewürfelt
- 1 Selleriestange, grob gehackt
- 2 Esslöffel Olivenöl
- 1 Zwiebel, gewürfelt
- 2 Teelöffel Tomatenmark
- 1 Prise Zucker
- 1 ¼ kg Tomaten, entkernt und geviertelt
- 1,2 Liter Gemüsebrühe
- Salz und Pfeffer, nach Belieben
- Sauerrahm (optional)

Zubereitung:

1. In einer Pfanne Zwiebel, Karotte und Sellerie anbraten. Das gesamte Gemüse kochen, bis es weich ist und seine Farbe verloren hat. Rühren Sie es kontinuierlich um, damit es nicht am Boden der Pfanne klebt.
2. Das Tomatenmark dazugeben und alles umrühren, bis das Gemüse rot wird.
3. Die Lorbeerblätter dazugeben und alles mit Salz und Pfeffer würzen. Legen Sie einen Deckel auf die Pfanne, damit die Tomaten schmoren können, bis sie schrumpfen.
4. Die Gemüsebrühe dazugeben und kochen lassen, bis sie kocht, dann köcheln lassen. Vom Herd nehmen und stehen lassen. Die Lorbeerblätter entfernen und die Tomatensuppe in der Küchenmaschine verarbeiten.
5. In die Pfanne zurückkehren und erhitzen. Mit Salz und Pfeffer abschmecken. Sie können dies mit gekühlter Sauerrahm servieren.

Kalorien	Fett	Kohlenhydrate	Ballaststoffe	Protein	Natrium
123	7g	13g	4g	4g	1,08g

Gersten- und Linseneintopf

Portionen: 8

Vorbereitung: 15 Minuten

Zubereitungszeit: 12 Stunden

Zutaten:

- ¾ Tasse Perlgraupengersten, ungekocht
- 1 Teelöffel getrocknetes Basilikum
- 3 Lorbeerblätter
- 2 Teelöffel Knoblauch, gehackt
- ¾ Tasse trockene Linsen
- ¼ Tasse getrocknete Zwiebelschalen
- 2 Tassen Champignons, in Scheiben geschnitten
- 1 Unze Shitake-Pilze, zerrissen.
- 2 Teelöffel getrocknetes Bohnenkraut
- 2 Liter Gemüsebrühe
- Salz und Pfeffer, nach Belieben

Zubereitung:

1. In einem langsamen Kocher die Gemüsebrühe, Shitake-Pilze, Champignons, Linsen, Gerste, Knoblauch, Zwiebelschalen, Bohnenkraut, Basilikum, Lorbeerblätter, Salz und Pfeffer mischen.
2. Zugedeckt ca. 4 bis 6 Stunden garen lassen. Lorbeerblätter entfernen und servieren.

Kalorien	Fett	Kohlenhydrate	Protein	Natrium
213	1,2g	43,9g	8,4g	0,466g

Spinat- und Linsensuppe

Portionen: 4

Vorbereitung: 10 Minuten

Zubereitungszeit: 55 Minuten

Zutaten:

- 1 Teelöffel gemahlener Kreuzkümmel
- 2 Knoblauchzehen, zerdrückt
- 3 Knoblauchzehen, gehackt
- ½ Becherlinsen
- 2 weiße Zwiebeln, in Ringe geschnitten
- 10 Unze Spinat
- 1 Esslöffel Pflanzenöl
- 2 Tassen Wasser
- Salz und Pfeffer, nach Belieben

1. In einer Pfanne Öl und Zwiebeln anbraten, Knoblauch hinzufügen und etwa eine Minute lang anbraten.

2. Fügen Sie das Wasser und die Linsen hinzu und bringen SIe alles zum Kochen. Die Hitze reduzieren und die Speisen köcheln lassen, bis die Linsen weich werden.
3. Spinat, Kreuzkümmel und Salz hinzufügen. Die Pfanne wieder abdecken und alles köcheln lassen. Den zerdrückten Knoblauch und den Pfeffer nach Belieben hinzufügen.

Kalorien	Fett	Kohlenhydrate	Protein	Natrium
155	4,3g	24g	9,7g	0,639g

Schwarzer Bohnen- und Maissalat

Portionen: 6

Vorbereitung: 25 Minuten

Zutaten:

- 1 Avocado, geschält und gewürfelt
- 15 Unze schwarze Bohnen
- ½ Tasse frischer Koriander, gehackt
- 1 ½ Tasse gefrorene Maiskörner
- 1 Knoblauchzehe, gehackt
- 1/3 Tasse frischer Limettensaft
- ½ Tasse Olivenöl
- 6 grüne Zwiebeln, in dünne Scheiben geschnitten
- 1 rote Paprika, gehackt
- 1/8 Teelöffel gemahlener Cayennepfeffer
- 1 Teelöffel Salz

Zubereitung:

1. In einem Glas mit Deckel Olivenöl, Limettensaft, Cayennepfeffer, Knoblauch und Salz mischen. Bedecken und schütteln, um alle Zutaten zu kombinieren.
2. In einer Schüssel Mais, Bohnen, Paprika, Avocado, Tomaten, Koriander und Schalotten mischen. Alles gut vermischen und mit dem Limettendressing übergießen. Den Salat mischen, um das Gemüse gleichmäßig zu überziehen.

Kalorien	Fett	Kohlenhydrate	Protein	Natrium
391	24,5g	35,1g	10,5g	0,830g

Kapitel 10: Rezepte für vegane Snacks und Smoothies

Das Naschen kann sehr schwierig sein. Zwischen den Mahlzeiten werden Sie leichte Hungersnöte verspüren, und jeder neigt dazu, eine Tüte Chips oder eine Tafel Schokolade zu nehmen. Als Veganer im Wandel wird es eine Herausforderung sein, so dass Sie sich mit exzellenten Snack-Ideen ausstatten müssen.

Schauen Sie sich diese leicht verständlichen Rezepte an:

Erdbeer-Haferflocken-Smoothie

Portionen: 2
Vorbereitung: 10 Minuten

Zutaten:
- 1 Banane, Stückchen

- 1 Tasse Mandelmilch
- ½ Becher Haferflocken
- 14 Erdbeeren, gefroren
- 1 ½ Teelöffel Agavennektar (optional)
- ½ Teelöffel Vanilleextrakt (optional)

Zubereitung:

1. In einem Mixer Hafer, Milch, Banane, Erdbeeren, Vanilleextrakt und Agavennekt mischen und mischen. Verarbeiten Sie es, bis es glatt ist, und servieren Sie es kalt.

Kalorien	Fett	Kohlenhydrate	Protein	Natrium
205	2,9g	42,4g	4,2g	0,083mg

Quesadillas mit Süßkartoffeln, Chili und Erdnussbutter

Portionen: 2

Vorbereitung: 15 Minuten

Zubereitungszeit: 45 Minuten

Zutaten:

- 1 reife Avocado, geschält und gehackt
- ½ packen Koriander, zerrissen
- ½ Limette, Saft und Schale
- 3 Esslöffel Olivenöl
- 1 Esslöffel geräucherter Paprika
- 2 Esslöffel knackige Erdnussbutter
- 3 Süßkartoffeln, dünn geschnitten
- 4 Mehltortillas
- Sriracha-Chili-Sauce, nach Belieben

Zubereitung:

1. Den Ofen auf 400°F vorheizen.

2. In einer Bratpfanne Süßkartoffeln, 2 Esslöffel Öl und Paprika mischen und im Ofen ca. 15 Minuten lang backen oder bis die Kartoffeln knusprig geworden sind.
3. In einer Schüssel Avocado, Limettenschale und. Die Avocados gut zerdrücken, bis sie glatt sind, und die Erdnussbutter und das restliche Olivenöl hinzufügen.
4. In einer Grillpfanne die Tortillas auf beiden Seiten erhitzen.
5. Zum Anrichten die Tortilla auflegen und die Erdnussbuttermischung verteilen, dann Süßkartoffeln und Chilisauce hinzufügen. Die andere Tortilla hinzufügen und nach unten drücken, um sie noch mehr zu kochen. Die Tortilla umdrehen und auf der anderen Seite genauso verfahren. In Viertel schneiden und mit Limettenkernen und zerdrückten Avocados servieren.

Kalorien	Fett	Kohlenhydrate	Ballaststoffe	Protein	Natrium
947	51g	96g	18g	17g	1,7g

Rohe Erdbeermarmelade

Ergibt: 1 350g Glas

Vorbereitung: 15 Minuten

Zutaten:

- 2 Esslöffel Chiasamen
- 2 Esslöffel Zitronensaft
- 2 Esslöffel Ahornsirup
- 400g Erdbeeren, geschält

Zubereitung:

1. In einer Küchenmaschine ¾ Erdbeeren mischen und den Rest zerkleinern.
2. Zitronensaft, Chiasamen und Ahornsirup hinzufügen. Gut umrühren und dann eine Stunde aushärten lassen. Gelegentlich umrühren und warten, bis es sich verdickt hat.
3. Lagern Sie es in einem Glas im Kühlschrank für 4 Tage bis zu einem Monat. Genießen Sie dies auf warmem Toast.

Kalorien	Fett	Kohlenhydrate	Ballaststoffe	Protein	Natrium
12	0,3g	2g	1g	0,2g	0g

Veganer Cashewfrischkäse mit Cashewkernen

Macht: 1 400g Glas

Vorbereitung: 15 Minuten

Zutaten:
- 250g Cashewnüsse
- 1 Saft von Zitrone
- 2 Esslöffel Nährhefe
- 1 Esslöffel Wasser
- 1 Bund Schnittlauch (optional)
- ½ Teelöffel Salz

Zubereitung:
1. In einer Schüssel die Cashewnüsse 4 Stunden oder über Nacht in Wasser einweichen.
2. Lassen Sie das Wasser aus der Schüssel ab und geben Sie die Cashewnüsse in eine Küchenmaschine. Fügen Sie Zitronensaft, Nährhefe, Salz und Wasser hinzu. Alles verarbeiten, bis die Masse glatt ist.

3. Die Frischkäse-Mischung in eine Schüssel geben und Schnittlauch hinzufügen. Im Kühlschrank eine Stunde lang aufbewahren und innerhalb von 3-4 Tage lang genießen.

Kalorien	Fett	Kohlenhydrate	Ballaststoffe	Protein	Natrium
124	9g	4g	1g	5g	0,3g

Grünkohl-Bananen-Smoothie

Portionen: 1

Vorbereitung: 5 Minuten

Zutaten:

- 1 Banane
- 1 Esslöffel Leinsamen
- 2 Tassen Grünkohl, gehackt
- 1 Teelöffel Ahornsirup
- ½ Tasse hell ungesüßte Sojamilch

Zubereitung:

1. Kombinieren Sie Bananen, Leinsamen, Grünkohl, Sojamilch und Ahornsirup in einem Mixer. Mischen Sie es, bis es glatt ist.
2. Servieren Sie es über Eis, oder Sie können die Banane über Nacht einfrieren.

Kalorien	Fett	Kohlenhydrate	Protein	Natrium
311	7,3	56,6g	12,2g	0,110g

Bonus-Kapitel: 14-tägiger veganer Plan zum Loslegen

Angesichts dessen, was Sie gelernt haben, ist es jetzt an der Zeit, Dinge anzuwenden und zu sehen, wie gut Sie abschneiden. Es wird nicht einfach sein, zu wechseln, besonders wenn es zu drastisch ist. Hier ist jedoch ein 14-Tage-Plan, den Sie als Leitfaden verwenden können, um den Übergang zu vereinfachen.

Dieser zweiwöchige Plan ist nur ein Anfang, aber Sie können ihn als Vorlage verwenden, damit Sie Ihren brandneuen Lebensstil mit Leichtigkeit in vollem Umfang beginnen können.

WOCHE 1

TAG	FRÜHSTÜCK	MITTAG	ABEND
MONTAG	Vegane Pfannkuchen mit Heidelbeeren	Vegetarische Quesadillas	Ingwer-Nudeln mit gemischtem Grünsalat
DIENSTAG	Zimt-Apfel-Haferflocken	Bohnen- und Gemüse-Toast	Falafel-Salat mit Tahini-Dressing
MITTWOCH	Englischer Muffin mit Erdnussbutter und Chia Berry Marmelade	Kartoffel- und Blumenkohl-Curry	Regenbogen-Gemüse Frühlingsrolle
DONNERSTAG	Grünkohl-Spinat-Smoothie	Gefüllte Süßkartoffeln mit Hummus	Barbecue-Stil Portabello Champignons

FREITAG	Haferflocken mit frischen Früchten und Nüssen	Quinoa Pilaf	Kichererbsen-Curry
SAMSTAG	Joghurt mit Müsli und gemischten Beeren	Tomaten- und Nichtmolkerei Cheddar-Käse-Toast	Mozzarella, Zucchini und Basilikum Frittata
SONNTAG	Gesunder grüner, geschmeidiger Smoothie	Kichererbsen-Salatrolle	Linsenartischockeneintopf

WOCHE 2

TAG	FRÜHSTÜCK	MITTAG	ABEND
MONTAG	Haferflocken-Bananen-Bissen	Balsamisches Zucchini-Sandwich	Gebratene Salatwickel aus Gemüse
DIENSTAG	Erdbeer-Haferflocken-Frühstückssmoothie	Yamwurst und Bok Choy auf braunem Reis verrührt	Quinoa-Schale mit schwarzer Bohne
MITTWOCH	Avocado und Ei auf Toast	Edamame Griechischer Salat	Süßkartoffel und Linsenchilli
DONNERSTAG	Quinoa-Getreide mit Mandelmilch	Pita-Pocket mit Apfel und Käse	Cashew- und Gemüserührbraten

FREITAG	Erdnussbutter und Zimt-Toast	Veggie-Fajitas	Vegetarische Pita-Pizza
SAMSTAG	Beladenes Frühstück Burritos	Artischocken und Tomatengnocchi	Butternusskürbis und Tostadas mit schwarzen Bohnen
SONNTAG	Maisbrotmuffins mit Beerensortiment	Kichererbsensalat mit geröstetem rotem Pfeffer Hummus Dressing	Karotten- und Rotpfeffersuppe mit gerösteten Vollkorn-Tortillas

SCHLUSSWORTE

Nochmals vielen Dank, dass Sie dieses Buch gekauft haben!

Ich hoffe wirklich, dass dieses Buch Ihnen helfen kann.

Der nächste Schritt ist, dass Sie **sich für unseren E-Mail-Newsletter anzumelden,** um über neue Buchveröffentlichungen oder Werbeaktionen informiert zu werden. Sie können sich kostenlos anmelden und erhalten als Bonus unser Buch *„7 Fitnessfehler, von denen Sie nicht wissen, dass Sie sie machen"!* Dieses Bonusbuch bricht viele der häufigsten Fitnessfehler auf und entmystifiziert viele der Komplexitäten und der Wissenschaft, sich in Form zu bringen. Wenn Sie all diese Fitnesskenntnisse und -wissenschaften in einem umsetzbaren, schrittweisen Buch zusammengefasst haben, können Sie auf Ihrer Fitnessreise in die richtige Richtung starten! Um sich für unseren kostenlosen E-Mail-Newsletter anzumelden und Ihr kostenloses Buch zu erhalten, besuchen Sie bitte den Link und melden Sie sich an: **www.hmwpublishing.com/gift**

Wenn Ihnen dieses Buch gefallen hat, dann möchte ich Sie um einen Gefallen bitten, wären Sie so freundlich, eine Rezension für dieses Buch zu hinterlassen? Ich wäre Ihnen sehr dankbar!

Vielen Dank und viel Glück auf Ihrer Reise!

ÜBER DEN CO-AUTOR

Mein Name ist George Kaplo. Ich bin ein zertifizierter Personal Trainer aus Montreal, Kanada. Ich beginne damit zu sagen, dass ich nicht der breiteste Typ bin, den Sie jemals treffen werden, und das war nie wirklich mein Ziel. Tatsächlich habe ich begonnen, meine größte Unsicherheit zu überwinden, als ich jünger war, was mein Selbstvertrauen war. Das lag an meiner Größe von nur 168 cm (5 Fuß 5 Zoll), die mich dazu drängte, alles zu versuchen, was ich jemals im Leben erreichen wollte. Möglicherweise stehen Sie gerade vor einigen

Herausforderungen oder Sie möchten einfach nur fit werden, und ich fühle mit Sicherheit mit Ihnen mit.

Ich persönlich war immer ein bisschen an der Gesundheits- und Fitnesswelt interessiert und wollte wegen der zahlreichen Mobbingfälle in meinen Teenagerjahren wegen meiner Größe und meines übergewichtigen Körpers etwas Muskeln aufbauen. Ich dachte, ich könne nichts gegen meine Körpergröße tun, aber ich kann sicher etwas dagegen tun, wie mein Körper aussieht. Dies war der Beginn meiner Transformationsreise. Ich hatte keine Ahnung, wo ich anfangen sollte, aber ich habe gerade erst angefangen. Ich war manchmal besorgt und hatte Angst, dass andere Leute sich über mich lustig machen würden, wenn sie die Übungen falsch machten. Ich wünschte immer, ich hätte einen Freund neben mir, der sich auskennt, um mir den Einstieg zu erleichtern und mich mit allem vertraut gemacht hätte.

Nach viel Arbeit, Studium und unzähligen Versuchen und Irrtümern begannen einige Leute zu bemerken, wie ich fit wurde und wie ich anfing, mich für das Thema zu interessieren. Dies führte dazu, dass viele Freunde und neue Gesichter zu mir kamen und mich um Rat fragten. Zuerst kam es mir seltsam vor, als Leute mich baten, ihnen zu helfen, in Form zu kommen. Aber was mich am Laufen hielt, war, als sie Veränderungen in ihrem eigenen Körper bemerkten und mir sagten, dass es das erste Mal war, dass sie echte Ergebnisse sahen! Von dort kamen immer mehr Leute zu mir und mir wurde klar, dass es mir nach so viel Lesen und Lernen in diesem Bereich geholfen hat, aber es erlaubte mir auch, anderen zu helfen. Ich bin jetzt ein vollständig zertifizierter Personal Trainer und habe zahlreiche Kunden trainiert, die erstaunliche Ergebnisse erzielt haben.

Heute besitzen und betreiben mein Bruder Alex Kaplo (ebenfalls zertifizierter Personal Trainer) und ich dieses Verlagsprojekt, in dem wir leidenschaftliche und erfahrene

Autoren zusammenbringen, um über Gesundheits- und Fitnessthemen zu schreiben. Wir betreiben auch eine Online-Fitness-Website „HelpMeWorkout.com". Ich würde mich freuen, wenn ich Sie einladen darf, diese Website zu besuchen und sich für unseren E-Mail-Newsletter anmelden (Sie erhalten sogar ein kostenloses Buch).

Zu guter Letzt, wenn Sie in der Position sind, in der ich einmal war und Sie etwas Hilfe wünschen, zögern Sie nicht und fragen Sie... Ich werde da sein, um Ihnen zu helfen!

Ihr Freund und Coach,

George Kaplo

Zertifizierter Personal Trainer

Ein weiteres Buch kostenlos herunterladen

Ich möchte mich bei Ihnen für den Kauf dieses Buches bedanken und Ihnen ein weiteres Buch (genauso lang und wertvoll wie dieses Buch), „Gesundheits- & Fitnessfehler, von denen Sie nicht wissen, dass Sie sie machen", völlig kostenlos anbieten.

Besuchen Sie den untenstehenden Link, um sich anzumelden und es zu erhalten:

www.hmwpublishing.com/gift

In diesem Buch werde ich die häufigsten Gesundheits- und Fitnessfehler aufschlüsseln, die Sie wahrscheinlich gerade jetzt begehen, und ich werde Ihnen zeigen, wie Sie leicht in die beste Form Ihres Lebens kommen können!

Zusätzlich zu diesem wertvollen Geschenk haben Sie auch die Möglichkeit, unsere neuen Bücher kostenlos zu bekommen, Werbegeschenke zu erhalten und andere wertvolle E-Mails von mir zu erhalten. Besuchen Sie auch hier den Link, um sich anzumelden:

 www.hmwpublishing.com/gift

Copyright 2017 von HMW Publishing - Alle Rechte vorbehalten.

Dieses Dokument von HMW Publishing im Besitz der Firma A&G Direct Inc ist darauf ausgerichtet, genaue und zuverlässige Informationen in Bezug auf das behandelte Thema und den behandelten Sachverhalt bereit-zustellen. Die Publikation wird mit dem Gedanken verkauft, dass der Verlag keine buchhalterischen, behördlich zugelassenen oder anderweitig qualifizierten Dienstleistungen erbringen muss. Wenn rechtliche oder berufliche Beratung erforderlich ist, sollte eine in diesem Beruf praktizierte Person bestellt werden.

Aus einer Grundsatzerklärung, die von einem Ausschuss der American Bar Association und einem Ausschuss der Verlage und Verbände gleichermaßen angenommen und gebilligt wurde.

Es ist in keiner Weise legal, Teile dieses Dokuments in elektronischer Form oder in gedruckter Form zu reproduzieren, zu vervielfältigen oder zu übertragen. Das Aufzeichnen dieser Veröffentlichung ist strengstens untersagt, und eine Speicherung dieses Dokuments ist nur mit schriftlicher Genehmigung des Herausgebers gestattet. Alle Rechte vorbehalten.

Die hierin bereitgestellten Informationen sind wahrheitsgemäß und konsistent, da jede Haftung in Bezug auf Unachtsamkeit oder auf andere Weise durch die Verwendung oder den Missbrauch von Richtlinien, Prozessen oder Anweisungen, die darin enthalten sind, in der alleinigen und vollständigen Verantwortung des Lesers des Empfängers liegt. In keinem Fall wird der Herausgeber für Reparaturen, Schäden oder Verluste auf-grund der hierin enthaltenen Informationen direkt oder indirekt rechtlich verantwortlich oder verantwortlich gemacht.

Die hierin enthaltenen Informationen werden ausschließlich zu Informationszwecken angeboten und sind daher universell. Die Darstellung der Informationen erfolgt ohne Vertrag oder Garantiezusage.

Die verwendeten Marken sind ohne Zustimmung und die Veröffentlichung der Marke ist ohne Erlaubnis oder Unterstützung durch den Markeninhaber. Alle Warenzeichen und Marken in diesem Buch dienen nur zu Erläuterungszwecken und gehören den Eigentümern selbst und sind nicht mit diesem Dokument verbunden.

Für weitere tolle Bücher besuchen Sie uns:

HMWPublishing.com

www.ingramcontent.com/pod-product-compliance
Lightning Source LLC
LaVergne TN
LVHW011710060526
838200LV00051B/2835